Ich glaub euch kein Wort

AF197739

© Simon Zaus

Henriette Wich wurde 1970 in Landshut geboren und war schon als Kind eine Leseratte. Nach ihrem Studium der Germanistik und Philosophie in Regensburg arbeitete sie sechs Jahre als Lektorin in einem Kinderbuchverlag. Seit Sommer 2000 ist Henriette Wich freie Autorin für Kinder und Jugendliche. Sie lebt mit ihrer Familie in Regensburg.

Henriette Wich

ICH GLAUB EUCH KEIN WORT

Außerdem in der Reihe Carlsen Clips lieferbar:

Alles zu viel
Auf dich abgesehen
Ich weiß alles über dich
Dann geh doch die Welt retten
Ich will das nicht!
Immer on
Killyou!
Kopf runter, durchhalten!
Likes sind dein Leben
Mehr als ein Spiel
Total daneben!
Von wegen Freundschaft
Wir sehen uns im Westen

Wir produzieren nachhaltig
- Klimaneutrales Produkt
- Papiere aus nachhaltigen und kontrollierten Quellen
- Hergestellt in Europa

MIX
Papier | Fördert gute Waldnutzung
FSC® C021394

Wir behalten uns die Nutzung unserer Inhalte für Text- und Data-Mining im Sinne von § 44b UrhG ausdrücklich vor.

Originalausgabe
Veröffentlicht im Carlsen Verlag
Dezember 2024
Copyright © 2024 Carlsen Verlag GmbH, Hamburg
Völckersstraße 14–20, 22765 Hamburg
Umschlagabbildung: shutterstock.com © Kiselev Andrey Valerevich / Frank Heikkinen
Umschlaggestaltung: formlabor
ISBN 978-3-551-32185-5

Carlsen-Newsletter: Tolle Lesetipps kostenlos per E-Mail!
Unsere Bücher gibt es überall im Buchhandel und auf carlsen.de.

1

Heute Morgen um zehn vor acht war meine Welt
noch in Ordnung. Eine halbe Stunde später dann
Totalausfall – Notfallprogramm –
Ausnahmezustand.
Ihr glaubt nicht, was da an unserer Schule abging.
Also wenn ich gewusst hätte, was auf mich
zukommt, wäre ich gar nicht erst aufgestanden. Ich
hätte noch nicht mal geblinzelt, als der Wecker
ging.
Aber jetzt noch mal von vorne, Leute: zehn vor
acht, Mittwochmorgen nach den Osterferien. Der
Himmel war grau, es nieselte, und alle sind schön
brav zur Arbeit gefahren. Ich war wie immer zu Fuß
unterwegs, meinen Basketball unter den rechten
Arm geklemmt. Gönn dir bisschen Sport vor der
Schule, hab ich mir gedacht und bin in den
Stadtpark abgebogen.
Der Sportplatz dort hat schon auf mich gewartet.
Also zuerst aufwärmen, dribbeln, ein paar Bälle
werfen. Danach *Crazy legs*. Das ist ein ziemlich

schwerer Trick, aber ich hatte ihn schon ganz gut drauf. Der Ball lag in meiner rechten Hand. Ich zog ihn unterm linken Bein nach rechts rüber und tippte ihn auf den Boden, dann unterm rechten Bein nach links und wieder tippen. Immer hin und her und dabei das Tempo steigern. Meine Beine sahen wirklich crazy aus. Lief. Kein Ding.

Die Zeit lief leider auch: Plötzlich war es schon fünf nach acht. Gut, dann kam ich eben mal wieder zu spät, auch egal.

Der Pausenhof war leer, und der Wind pfiff um die Mauern vom Schulturm. Ich hatte es nicht eilig. Auf dem Weg in den dritten Stock legte ich mir eine Entschuldigung zurecht. „Hab keine Socken gefunden, die zusammenpassen." Oder noch besser: „Unser Bad wird renoviert, ich musste bei den Nachbarn duschen."

Als ich oben im Klassenzimmer war, machte ich mein bewährt gechilltes Gesicht. „Sorry, bin leider ..."

Mein Lächeln verrutschte. Das Lehrerpult und die Bänke waren leer. Keiner da. Niemand. Nobody.

Hatte ich mich in der Tür geirrt? Falsches Stockwerk erwischt?

Fehlanzeige. An der Wand hing unser Klassenfoto: ich links vorne zwischen meinen Freunden Ömer und Rea und um uns herum die gesamte 7b.

Was war dann los? Lag die Paulsen, unsere Klassenlehrerin, etwa krank im Bett?

Vergiss es. War noch nie vorgekommen in den letzten zweieinhalb Jahren.

Weil mir nichts Besseres einfiel, ließ ich mich auf meinen Stuhl fallen. Ich starrte auf die Tafel. Und da stand es mit weißer Kreide in fetten Großbuchstaben:

WIR SIND IN DER AULA.

Jetzt war ich genauso schlau wie vorher. Die Aula wird bei uns zweimal im Jahr genutzt: am Anfang des neuen Schuljahrs und beim Konzert vor den Sommerferien.

Auf einmal hatte ich ein flaues Gefühl im Magen. Irgendwas stimmt hier nicht, Leute.

Schnell lief ich die Treppe runter. Meine Schritte knallten viel zu laut auf den Stufen.

Wieder über den Schulhof und rein in die Aula.

Die war rappelvoll, bis zur letzten Reihe. Die ganze Mittelschule hatte sich versammelt, von der Fünften bis zur Zehnten.

Als die Tür hinter mir zufiel, drehte Ömer sich nach mir um. Die anderen bemerkten mich gar nicht. Einige flüsterten aufgeregt miteinander, manche sahen richtig geschockt aus. War jemand gestorben?

Ömer winkte mir zu. Er und Rea hatten mir

netterweise einen Platz frei gehalten. Ich rutschte zu meinen Freunden in die Bank und wollte eigentlich fragen, was los war. Aber die seltsame Stimmung in der Aula hatte mich angesteckt. Ich brachte kein Wort heraus.

Vorne auf der Bühne stand Frau Weber, unsere Rektorin, am Rednerpult und sagte ins Mikro: „Zum Glück haben wir im Gewerbepark ein Bürogebäude gefunden, in das wir ausweichen können. Der komplette Umzug wird mehrere Wochen dauern. Das hat einen Grund: Wir haben neue Möbel bestellt, aber es gibt leider Probleme mit der Lieferung."

Welcher Umzug? Welche Möbel? Was redete die Weber da?

Jan, ein Typ aus der Achten, schaltete sich ein. „Das kommt alles ganz schön plötzlich, finde ich. So was weiß man doch schon Monate vorher!"

Die Weber machte eine kurze Pause. „In diesem Fall nicht. Die Lage hat sich innerhalb kurzer Zeit verschlechtert, da mussten wir schnell reagieren. Erst wollten wir eine Mail an eure Eltern rausschicken, aber dann haben wir uns dafür entschieden, euch besser persönlich zu informieren. Schließlich geht es um euch und um eure Gesundheit. Und deshalb läuft jetzt ein Notfallprogramm an."

Gesundheit? Notfallprogramm? Mein Puls fuhr hoch. Meine Hände fingen an zu schwitzen.

Rea beugte sich zu mir rüber und flüsterte mir ins Ohr: „Die machen unsere Schule dicht – weil sie in drei Gebäuden Schimmel gefunden haben."

„Haben wir schulfrei?", fragte ich sofort.

Ömer verdrehte die Augen. „Schön wär's."

Die Rektorin ließ ihren Blick langsam durch die Reihen wandern. Dann sagte sie ruhig: „Weil es in dem Bürogebäude zu wenig Möbel gibt, die wir nutzen können, werden nicht alle Klassen sofort umziehen. Die Schülerinnen und Schüler aus der Siebten und Achten werden für einige Wochen im Homeschooling arbeiten müssen. Ihr kennt das ja schon aus der Corona-Zeit. Es ist nicht schön, aber zum Glück nur für einen überschaubaren Zeitraum. Digital sind wir inzwischen auch gut aufgestellt. Das macht es leichter für alle."

Die Weber trat zur Seite, und mein Sportlehrer, Herr Boukari, kam auf die Bühne.

Das Mikro pfiff, als er anfing zu sprechen. „Noch was Wichtiges. Der Sportunterricht muss leider ausfallen. Das betrifft auch die Sport-AGs am Nachmittag: Bouldern an unserer Kletterwand, Hip-Hop-Dance und so weiter. Auch die Turnhalle ist von Schimmel befallen. Wann wir dort wieder trainieren können, steht noch in den Sternen."

Jetzt stand Tarik aus der Achten auf. „Sport ist Mord", rief er, grinste und setzte sich wieder hin, um weiter auf dem Handy zu zocken.

Nur sein Kumpel Jan und ein paar andere fanden den Spruch lustig.

Mir war das Lachen sowieso schon vergangen. Sport war das einzige Fach, das mir Spaß machte. Ömer und ich waren ein super Team beim Basketball, und mit Rea ging ich in die Boulder-AG. Außerdem mochte mich der Boukari, was ich von der Paulsen und meinen anderen Lehrern nicht behaupten konnte. Die hatten mich längst abgeschrieben. Zweimal wäre ich beinahe sitzen geblieben. Die Paulsen würde dafür sorgen, dass es beim dritten Mal endlich klappte.

Ein Mädchen fragte, ob wir denn nicht draußen trainieren könnten. Boukari schüttelte den Kopf. „Das Gelände rund um die Turnhalle wird abgesperrt werden."

Die Rektorin übernahm wieder das Mikro. „Ich weiß, die Nachricht ist erst mal ein Schock. Aber ich verspreche euch: Wir werden alles dafür tun, den Schimmel so schnell wie möglich zu beseitigen. Und in der Zwischenzeit machen wir das Beste aus der Situation. Ihr dürft dann heute nach unserer Versammlung nach Hause gehen. Wir schicken euch und euren Eltern eine Mail, wie es ab morgen weitergeht. Gemeinsam schaffen wir das, und wenn ihr …"

Was die Weber noch so alles von sich gab, bekam ich nicht mehr mit. Ich fühlte mich, als ob mir jemand einen Basketball an den Knopf geknallt hätte.

Ausnahmezustand. Notfallprogramm. Schon wieder! Erst Corona, dann der Krieg, Klimakrise sowieso. Und jetzt Schimmel!? Auf so was Verrücktes wäre ich nicht mal im Traum gekommen. Schimmel klebte an meinem Pausenbrot, wenn ich es mal in der Schultasche vergaß. Und nun hatte das pelzige grüne Zeug unsere Schule befallen? Das klang wie in einem schlechten Science-Fiction-Film.

Mir wurde übel. Vielleicht hatte der Schimmel ja schon seine unsichtbaren Sporen auf mich geworfen und fing gerade an, meinen Körper zu vergiften.

„Alles okay?", fragte Rea leise. Ich weiß nicht, wie sie das macht, aber sie merkt sofort, wenn's mir nicht gut geht.

„Alles super", behauptete ich und grinste, obwohl ich auf einmal eine Scheißangst hatte. Eine Katastrophe jagte die nächste, seit Corona hörte das nicht mehr auf. Mir lief es eiskalt den Rücken runter, und gleichzeitig fing ich an zu schwitzen. Auf meiner Brust war plötzlich so ein Riesendruck, ich bekam kaum noch Luft. Wie damals mit fünf Jahren im Freibad, als ein älterer Junge mich ständig untertauchte. Irgendwann kam meine Mama und hat mich gerettet. Aber heute rettete mich keiner von den sogenannten Erwachsenen.

Ich sah zu Boukari rüber. Sonst stand der immer stolz und aufrecht da, wie ein echter Basketballer eben. Und jetzt? Hatte er den Kopf eingezogen und ließ die Schultern hängen wie ein nasses Handtuch.

Der plötzliche Lärm in der Aula riss mich aus meinen Gedanken. Viele waren aufgesprungen und belagerten die Lehrer. Die jüngeren Schüler und die aus der Neunten und Zehnten wollten wissen, an welchem Tag genau ihre Klasse umziehen würde.

Ömer, Rea und ich blieben sitzen und sahen uns an.

„Na toll, alle anderen kriegen neue Räume und wir aus der Siebten müssen daheim versauern!", sagte Rea genervt. „Warum ausgerechnet wir?" Sie klang richtig wütend. So kannte ich sie gar nicht.

„Ja, genau, warum wir?", legte ich nach. „Wollen die uns loswerden, weil sie mit uns überfordert sind? Es heißt ja immer, wir sind die schlimmsten Klassen an der ganzen Schule."

Ömer zog die Schultern hoch. „Glaub ich nicht. Wahrscheinlich haben die das ausgelost. Irgendjemand musste es ja treffen. Wir haben einfach Pech gehabt."

„Und was machen wir jetzt?" Ich hoffte, dass meine beiden Freunde die Lösung wie ein Kaninchen aus dem Hut zaubern würden.

„Keine Ahnung, jedenfalls gehe ich nicht gleich nach Hause", teilte Rea uns mit. „Ich muss mich erst mal abreagieren. Am liebsten würde ich irgendwas klein hauen!"

Als ich mir Rea vorstellte, wie sie mit einer Axt im Park wahllos auf Bänke und Bäume eindrosch, konnte ich mir ein Grinsen nicht verkneifen. Das Wolf-Tattoo an ihrem Handgelenk täuschte, Rea tat keiner Fliege was zuleide. Sie war einfach viel zu nett.

Ömer hatte eine Idee. „Komm doch zu mir, Rea. Da kannst du dann mein Schlagzeug verhauen. Aber nur, wenn am Ende noch was davon übrig ist für die Bandprobe morgen. Gehst du auch mit, Simon?"

Ich schnappte mir sein Rapper-Cap, setzte es auf und sagte: „Klar, bin dabei."

Kaum hatte Ömer seine Jacke angezogen, fing Rea an, auf seinen Rücken zu trommeln. „Aufwärmen", nannte sie das.

Ömer lachte nur und zusammen gingen wir raus. Am Schultor drehte ich mich noch mal um und starrte auf das bunte, mit Folie versiegelte Plakat am Pfosten rechts neben dem Tor. Das hatten die fünften und sechsten Klassen in der Projektwoche vor den Osterferien gemalt. „Bei uns sind alle willkommen", stand darauf. Von wegen! Im Moment wollten die hier keinen haben.

Ich fing schon wieder an zu schwitzen und murmelte vor mich hin: „Das kann die Schule nicht mit uns machen, das dürfen die doch gar nicht!"

„Kannst du laut sagen!"

Ich drehte mich um. Hinter mir liefen Tarik und Jan. Sie grinsten.

Bevor ich auf Jans Kommentar reagieren konnte, hörte ich Ömer ungeduldig rufen: „Wo bleibst du denn, Simon?"

Ich nickte kurz und beeilte mich, den Vorsprung von Rea und Ömer einzuholen. Dabei wurde mir eine Sache klar: Ohne meine Freunde würde ich die nächste Zeit nicht durchstehen. Ohne sie würde ich in ein tiefes schwarzes Loch fallen und nie wieder rauskommen.

2

Am Mittwochmorgen, zwei Wochen später, ging's mir so was von schlecht. Das könnt ihr euch gar nicht vorstellen. 14 Tage Homeschooling hatten mir den Boden unter den Füßen weggezogen.

„Was machst *du* denn da?", fragte meine Mum. Sie tauchte in der Küche auf und sah mich erschrocken an.

„Entschuldige, ich wohne hier", sagte ich leicht beleidigt.

„Aber du bist freiwillig noch nie so früh aufgestanden!" Mum hatte ihren Bademantel an und schlang fröstelnd den Gürtel enger.

Draußen war es noch stockdunkel, aber die ersten Vögel zwitscherten schon.

Jetzt kam Dad rein, fertig angezogen mit gebügeltem Hemd und Jeans. Er starrte mich genauso entgeistert an. Dann fiel sein Blick auf den gedeckten Frühstückstisch. Brot, Butter, Käse, Marmelade, alles da.

Ich nahm die Kaffeekanne aus der Maschine und

schenkte meinen Eltern ein. Mum hatte ich ihren blauen Lieblingsbecher hingestellt. Meinem Dad die schwarze Tasse mit dem Spruch: „Sei nett zu deinem Taxifahrer. Wir kennen Orte, an denen dich niemand findet."

Mum wuschelte mir durch die Haare. „Wie lieb von dir!"

Dad war mal wieder misstrauisch. „Okay, was hast du ausgefressen?"

„Nichts!"

„Aber irgendwas ist doch los."

„Ich wollte bloß nett sein!" Wütend schmierte ich mir ein Brot. Was war ich für ein Vollidiot! Die Arbeit hätte ich mir sparen können.

„Ach so, na gut." Endlich setzte sich Dad. „Entschuldige, und ... äh ... danke, Simon."

Ich war immer noch sauer. Wann hatte mein Dad eigentlich das letzte Mal irgendwas Gutes über mich gesagt? Ich konnte mich nicht daran erinnern.

Mum und Dad schlangen ihre Brote hinunter. Mum hatte dabei ständig die Uhr im Blick. So lief das also ab, wenn die beiden unter der Woche frühstückten. Normalerweise bekam ich es nicht mit, weil sie mich erst danach weckten.

Das Handy meines Vaters klingelte.

„Ludwigstraße 12? Alles klar. Bin unterwegs."

Mum musste auch bald los. Die Reinigungsfirma,

für die sie arbeitete, hatte einen neuen Job für sie. „Ich bin so stolz auf dich, mein Großer!", sagte sie zu mir und verschwand danach hektisch im Bad. Dad ging. Mum ging. Als beide weg waren, fiel sie sofort wieder über mich her: die Einsamkeit. Denn dass ich „bloß nett sein" wollte, war nur die halbe Wahrheit gewesen. Ganz ehrlich: Ich hielt es nicht mehr aus, ständig allein zu sein.

Meine Eltern waren den ganzen Tag in der Arbeit, und Rea und Ömer hatte ich seit der Schimmel-Krise nur ein einziges Mal gesehen. Meine Freunde wohnten am anderen Ende der Stadt, was mir erst jetzt so richtig bewusst wurde. Normalerweise sahen wir uns immer in der Schule, am Wochenende musste jeder von uns eine halbe Weltreise machen, damit wir zusammen was unternehmen konnten.

Unser Treffen am Samstag war nicht gerade toll gewesen. Wir hatten uns bei Rea eine Serie reingezogen und kaum geredet. Keiner von uns hatte Lust gehabt, sich über unsere verschimmelte Schule aufzuregen. Dabei lag ich nachts oft wach und stellte mir vor, dass der Schimmel sich wie ein gefräßiges Virus in der ganzen Stadt ausbreitete, dann in Deutschland und am Schluss weltweit. Alles schon da gewesen.

Nachdem ich die Küche aufgeräumt hatte, ging ich

in mein Zimmer und zockte ein bisschen Fifa. Um acht loggte ich mich bei der ersten Videokonferenz ein.

Frau Paulsen winkte uns wie immer zu und sagte extra fröhlich: „Guten Morgen zusammen! Schaltet ihr bitte alle die Kamera ein, damit ich euch sehen kann? Das gilt auch für dich, Simon."

Genervt aktivierte ich meine Kamera.

„Sehr schön." Die Paulsen lächelte schon wieder. Dann teilte sie ihren Bildschirm mit uns. Die Mathefragen, die sie uns gestern als Hausaufgabe gegeben hatte. Ich war nicht dazu gekommen. Gestern Abend – nach *sieben* Stunden Schule! – war ich viel zu müde gewesen.

„Simon, löst du bitte mal die erste Aufgabe?"

„Klar", sagte ich. „Mache ich. Die war gar nicht so leicht." Ich legte meine Stirn in Falten und tat so, als ob ich mich scharf konzentrieren würde.

Die Paulsen hob die Augenbrauen. „Wie sieht es aus? Keine Idee?"

Ich hasste sie! Und ich hasste Homeschooling. In der Schule hätte ich jetzt kein Problem gehabt. Da hätte ich einfach bei Rea gespickt, die vor mir in der Bank saß. Aber Reas Kopf auf dem Bildschirm, so klein wie eine Briefmarke, nützte mir überhaupt gar nichts.

„Sorry", gab ich auf. „Hab keinen Plan."

Die Paulsen heuchelte Mitleid. „Das ist wichtig, Simon. Hier geht es um deine Zukunft. Mathe brauchst du in jedem Beruf."

Ich schaltete Mikro und Kamera aus und brüllte: „Fuck! Du kannst mich mal!" Danach klickte ich die Kamera wieder an und *lächelte*.

Der Tag ging genauso mies weiter, wie er angefangen hatte. In Englisch mussten wir einen Online-Test machen. In Deutsch wurden wir mit Grammatik gequält und in Biologie sollten wir die Verdauungsorgane auswendig lernen. Lecker! Der einzige „Lichtblick" kam am Schluss: Die Schule würde am 13. Mai wieder geöffnet werden. Das bedeutete, ich musste noch mal fast *drei* Wochen Homeschooling aushalten.

Nach den Hausaufgaben wollte ich kurz zum Sportplatz im Stadtpark, aber prompt fing es an, wie aus Kübeln zu regnen. Dass heute normalerweise Basketballtraining gewesen wäre, daran durfte ich gar nicht erst denken.

Es war wieder genau wie damals im Lockdown. Immer das Gleiche, Tag für Tag: Schule, essen, Schule, essen, schlafen – und wieder von vorn. Mum und Dad waren immer noch bei der Arbeit. Um mich abzulenken, surfte ich in den sozialen Medien. Dabei stieß ich auf ein paar Videos von Leuten aus unserer Schule.

Mann, waren die alle wütend wegen dieser Schimmel-Sache! War ja auch kein Wunder. Aber was die da so sagten, überraschte mich schon. Drei Sätze tauchten in den Videos immer wieder auf:

Das ist kein Zufall!
Da steckt ein fieser Plan dahinter.
Die wollen uns fertigmachen!

Ich fragte mich, was das sollte. Keine Ahnung, was genau die damit meinten.
Jan aus der Achten hatte auch ein Video gepostet. Er regte sich am meisten auf und erzählte von einem „sehr merkwürdigen Zeitungsartikel", den er entdeckt hatte. Den Link zu diesem Artikel von Anna Schmid, einer jungen Journalistin, lieferte er gleich mit. Außerdem einen Screenshot mit einem Ausschnitt aus dem Text:

Die Realschule hatte bereits früher Probleme mit Schimmel. Erst vor drei Jahren wurde die letzte Sanierung mit einem Millionen-Aufwand abgeschlossen, doch der Schimmel trat in mehreren Gebäudeteilen erneut auf.

Jan schrieb darunter:

Sanierung abgeschlossen – und trotzdem plötzlich wieder Schimmel??? Wer hat der Frau denn ins Gehirn gesch…

Ich las die Kommentare zu Jans Beitrag:

Glaubt der Presse kein Wort!
Fette Lüge!
Die verarschen uns doch nur.

Hä? Was ging hier ab? Ich las den Artikel noch mal. Ob es stimmte, was da drin stand? Als ich im Internet nachforschte, stieß ich auf zwei Berichte kurz nach der Sanierung. Überall wurde betont, wie gründlich und erfolgreich die Arbeiten gewesen seien.

Durften Journalisten einfach so Lügen verbreiten? Die mussten doch recherchieren, und da gab es bestimmt Chefs, die das alles kontrollierten, bevor es in Druck ging. Obwohl – Dad sagt ja immer, ich soll alles, was ich in den Medien höre und lese, kritisch hinterfragen. „Du darfst nie deinen gesunden Menschenverstand ausschalten, Simon!" Also wem sollte ich jetzt glauben? Der Verfasserin des Artikels oder Jan und den Kommentaren im Netz? Was war die Wahrheit, und was waren Fake News? Je mehr ich darüber nachdachte, umso weniger blickte ich durch. Und eigentlich hatte ich auch keine große Lust, mir den Kopf darüber zu zerbrechen. An der Situation änderte es sowieso nichts. Unsere Schule war Sperrzone, und die anderen Klassen waren längst in den Gewerbepark umgezogen.

Im Flur ging die Haustür auf. Schlüssel klapperten.

„Wir sind wieder da, Schatz!", hörte ich meine Mutter rufen. „Wir haben deine Lieblingspizza mitgebracht."

Dad wollte wissen: „Bist du in deinem Zimmer, Simon? Kommst du? Oder sollen wir die Pizza ohne dich aufessen?"

Endlich Fragen, die ich sofort beantworten konnte.

„Bin gleich da!", rief ich und klappte meinen Laptop zu.

Im Flur nahm ich Mum die Kartons ab und trug sie in die Küche.

3

Als ich am nächsten Morgen mit Rückenschmerzen
aufwachte, wusste ich, dass es so nicht weitergehen
konnte. Ich hockte viel zu viel herum den ganzen
Tag. Meine Muskeln schrumpften und meine Laune
war so was von im Keller. Also packte ich nach der
letzten Schulstunde T-Shirt, kurze Hose und
Kletterschuhe in meine Sporttasche und fuhr mit
dem Bus zur Boulderhalle.

Früher waren Dad und ich oft hier gewesen. Mein
Vater hatte mir die ersten Griffe und Tricks gezeigt.
Ich war schon mit sechs Jahren total begeistert vom
Klettern, und wir hatten Spaß gehabt zu zweit.
Aber durch das viele Taxifahren hatte Dad ein paar
Kilos zugelegt und keine Lust mehr auf Bouldern.
Seitdem trainierte ich entweder allein oder mit Rea.
Die hatte nur heute leider keine Zeit.

In der Halle empfing mich der typische Geruch von
Hartgummi, Magnesiumpulver und Schweiß. Ich
merkte sofort, wie ich mich entspannte. Ein Gefühl,
das ich lange nicht mehr gehabt hatte.

Nach dem Umziehen ging ich zu meiner Lieblingswand und wunderte mich, weil ich die rote Route nicht fand. Dann checkte ich, was los war: Die hatten umgeschraubt! Es gab einen Haufen neue Boulder, und ich hatte keine Ahnung, wie die funktionierten.

„Jetzt erst recht", dachte ich. „Challenge!" Dann suchte ich mir eine neue Route aus. Die mit den blauen Bouldern fand ich gut. Okay, wo waren die Griffe und Tritte? Wo musste ich entlangklettern? Ich spielte mit meinen Händen durch, wann und wie ich welche Griffe nehmen würde.

Plötzlich sagte hinter mir jemand: „Coole Pantomime, Alter!"

Ich drehte mich um und sah in das grinsende Gesicht von Jan. Den hatte ich hier noch nie getroffen. Jan merkte, dass ich mich wunderte, und erzählte von einem Gutschein für die Boulderhalle, den er endlich einlösen wollte.

„Gehört das zur Show, oder warum fuchtelst du so mit den Händen rum?", wollte er jetzt wissen. Anscheinend war er bisher noch nie oder nicht oft bouldern gewesen.

Ich versuchte die Sache so zu erklären, dass ich möglichst nicht als Angeber rüberkam. „Wenn ich die Route vorher lese, spare ich mir böse Überraschungen. Der Tritt da oben zum Beispiel liegt ziemlich versteckt um die Ecke. Wenn du in der Wand drinhängst, siehst du den nicht. Dann denkst du, das war's jetzt. Es geht nicht mehr weiter."

„Klingt logisch." Jan grinste noch breiter.

Auf einmal fragte ich mich, ob er vielleicht ein Profi war und sich über mich lustig machte. Das würde zu ihm passen, er hat eine ziemlich große Klappe.

Ich kannte Jan von der Projektwoche. Vor den Osterferien hatten wir am selben Workshop teilgenommen: Bild- und Video-Bearbeitung. Hatte mir richtig viel Spaß gemacht, weil ich schon immer gerne mit Filmchen herumexperimentiert habe. Ich wollte nämlich mal TikToker werden, mit Basketball-Tricks. Hab mich dann doch nicht getraut. Es gibt einfach zu viele Leute, die tausendmal besser sind als ich.

Jetzt verschränkte Jan die Arme vor der Brust. „Na los! Lass dich von mir nicht abhalten. Ich schau erst mal zu."

Auch das noch! Meine Hände fingen an zu schwitzen. Ich hätte meinen Beutel mit Magnesiumpulver mitnehmen sollen. Egal! Es musste auch so gehen. Die Route hatte ich im Kopf. Ich musste sie nur noch umsetzen.

Es klappte ganz gut, nur an einer Stelle war ein Tritt zu hoch. Da brauchte ich sehr viel Kraft in den

Armen, um mich hochzuziehen. Meine Muskeln ließen mich zum Glück nicht im Stich. Ich war also doch noch ziemlich fit.

Dann hatte ich es geschafft! Ich war am Top.

Jan hob den Daumen. „Nice!"

Als ich wieder unten war, versuchte er die Route nachzuklettern. Zweimal rutschte er mit den Füßen ab. Danach wusste er nicht, ob er seinen Körper nach rechts oder links verlagern sollte. Ich gab ihm einen Tipp, aber er hörte gar nicht hin. Stattdessen suchte er sich einfach durcheinander blaue, rote und gelbe Boulder aus, die er leicht erreichen konnte. Am Top machte er das Victory-Zeichen, obwohl er geschummelt hatte.

Als er wieder neben mir stand, klopfte er mir auf die Schulter. „Wie wär's: kurze Pause? Was trinken?"

Mich juckte es in den Fingern weiterzumachen. Aber ich fand es auch gut, dass Jan mit mir reden wollte. Normalerweise waren wir von der Siebten Luft für die von der Achten. Und Jan war ja irgendwie ganz cool, er machte jedenfalls immer sein eigenes Ding.

„Klar", sagte ich.

Wir holten uns an der Theke im Bistro zwei Cola und setzten uns an einen Tisch.

„Gönn dir!", rief Jan und nahm einen großen

Schluck. Dann beugte er sich zu mir vor. „Und sonst so, läuft bei dir?"

„Das Homeschooling zieht mich voll runter! Ich hab gedacht, nach Corona darf die Schule uns so was nicht mehr antun. Falsch gedacht!" Die Worte waren heftiger aus mir rausgekommen, als ich es gewollt hatte. Bestimmt würde Jan mich jetzt für ein Weichei halten.

Aber er nickte nur und schwieg eine Weile. „Weißt du, was ich bin? Einfach nur wütend!", verriet er mir. „Wie findest du denn diese Schimmel-Sache?"

„Weiß nicht ..." Mir fiel wieder Jans Video ein. Wie selbstbewusst und fast schon aggressiv er darin aufgetreten war. Ich fand Jan mutig, und gleichzeitig war da etwas an ihm, das mich beunruhigte.

Jan fixierte mich. „Hast du dich nicht gefragt, warum die uns nicht schon in den Osterferien gesagt haben, dass sie die Schule dichtmachen?"

Ich zuckte mit den Schultern. „Vielleicht weil es in den Ferien noch nicht so schlimm war mit dem Schimmel?"

„Glaub ich nicht!", sagte Jan sofort. „Das schleimige Zeug kriecht doch nicht über Nacht aus allen Ritzen. Wetten, die Schule verheimlicht uns irgendwas? Wetten, es geht eigentlich um was ganz anderes? Zwei Wochen vor den Osterferien hab ich am digitalen Schwarzen Brett gelesen, dass die Weber eine außerplanmäßige Lehrerkonferenz einberufen hat. Angeblich wurde da dann schon beschlossen, dass sie die Schule dichtmachen."

Aufgeregt drehte ich meine Flasche hin und her. Ich hatte noch keinen einzigen Schluck getrunken.

„Woher weißt du das?", fragte ich.

„Aus sicherer Quelle." Er lehnte sich zurück und lächelte. „Es gibt da ein Mädchen, das auf mich steht. Ihre Mutter ist Lehrerin an unsere Schule."

„Okay ..." Mehr fiel mir dazu nicht ein. Jan hatte mich überrumpelt. Ich wusste nicht, was ich von seinen Behauptungen halten sollte. Das klang alles irgendwie seltsam. Und warum erzählte er ausgerechnet mir davon? Wir kannten uns doch kaum.

Jan beugte sich wieder zu mir vor. „Ich treffe mich morgen Nachmittag mit ein paar Freunden. Wir wollen darüber reden, was gerade alles an unserer Schule abgeht. Vor den Osterferien ist nämlich noch was anderes passiert. Ich sag nur so viel: ‚Big brother is watching you!' Komm doch auch. Oder willst du nicht wissen, was in Wahrheit hinter der ganzen Sache steckt?"

Nervös nahm ich die Flasche und trank so hastig, dass ich mich verschluckte.

Jan hämmerte mir grinsend auf den Rücken. „Also

dann. Morgen um fünf Uhr bei mir, Lessingstraße 3."

Ich hustete und sagte: „Weiß nicht. Vielleicht."

„Sei kein Schisser. Das ist wichtig." Er stand auf und sah sich noch mal in der Halle um. „Das Geld für den Gutschein hätten sich meine Eltern sparen können. Hab keine Lust mehr. Also viel Spaß noch und bis morgen." Dann ging er pfeifend zum Ausgang.

Ich starrte ihm nach und hatte ein komisches Gefühl. Der Typ löste was aus in mir: ein Alarmsignal in meinem Bauch, das ich nicht einordnen konnte. Ich wurde einfach nicht schlau aus Jan.

Langsam stand ich auf und ging zur Wand zurück. Ich kletterte noch ein paar Routen, aber es lief nicht so gut wie sonst. Jans Worte hingen wie eine Spinnwebe in meinem Kopf. Sollte ich zu dem Treffen gehen? Klar war ich neugierig, aber ich hatte auch Angst. Vor Jan und vor seinen Freunden. Vielleicht sollte ich die besser nicht näher kennenlernen.

Zu Hause rief ich Rea und Ömer an. Sie freuten sich, mich am Handy zu sehen.

Ömer kam gerade von einer Probe mit seiner Band. „Wir nehmen ein Demo auf", erzählte er begeistert. „Macht voll Spaß."

„Klingt spannend!", sagte Rea. „Ich drück euch die Daumen, dass ihr bald groß rauskommt."

Ömer winkte ab. „Das hat Zeit. Was gibt's Neues, Simon?"

Schnell berichtete ich von meinem Gespräch mit Jan, von seinem Video, der „sicheren Quelle" und dem Zeitungsartikel der Journalistin. „Was haltet ihr denn davon?", fragte ich meine Freunde.

„Also ich weiß nicht", meinte Ömer. „Jan ist schon sehr merkwürdig drauf. Der denkt sich alles Mögliche aus, wenn der Tag lang ist."

Rea glaubte nicht, dass die Journalistin in dem Artikel log. Und sie glaubte auch nicht, dass die Lehrer uns irgendwas verheimlichten. „Die haben die Situation bei der Versammlung in der Aula doch ganz offen angesprochen."

„Aber ich frage mich schon, wieso die Weber uns da nichts von dem Schimmel vor drei Jahren gesagt hat", hielt ich dagegen.

Ömer überlegte und sagte dann: „Vielleicht dachte sie, wir wissen das sowieso schon alle."

Wir diskutierten noch weiter, aber es kam nichts Richtiges dabei heraus. Als ich auflegte, hatte ich mich entschieden: Ich würde nicht zu dem Treffen gehen. Ömer hatte recht: Jan war echt merkwürdig.

4

Womit ich nicht gerechnet hatte, war meine
Neugier, die mir die ganze Nacht keine Ruhe ließ.
All die Andeutungen, die Jan gemacht hatte, denen
wollte ich auf den Grund gehen. Also dachte ich
mir: Mal kurz vorbeischauen bei Jan kostet ja nix,
das ist völlig okay.

Lessingstraße 3 war ein riesiger Neubau aus Glas,
Beton und Stahl mit Doppelgarage. Ich traute mich
erst nicht näher ran und kickte möglichst lässig
einen Kieselstein ans Gartentor.
Plötzlich schallte Jans Stimme aus der
Sprechanlage: „Willst du da draußen Wurzeln
schlagen, Alter?"
Es summte, das Gartentor ging auf. Ich stolperte
über den Kiesweg zum Haus.
„Hi, Simon!", begrüßte mich Jan. „Ich wusste, dass
du kommst." Er führte mich durch den Flur in sein
Zimmer, das dreimal so groß wie meins war.
Tarik saß auf einer Sofalandschaft, wie üblich am

Handy. Ein Mädchen pinnte gerade ein Plakat an die Wand. Auf ihrem Arm war ein Rosen-Tattoo zu sehen, als sie mit grünem Textmarker an den oberen Rand der weißen Fläche schrieb:

Wir decken jetzt endlich alle Lügen auf!

Punkt 1: Fake News in der Presse

Dann musterte sie mich neugierig. „Hey, ist das der Kletterprofi?"

Jan grinste. „Yes! Simon, das sind Amelie und Tarik. Spiel nie gegen Amelie Lasertag, da bist du spätestens nach drei Minuten tot. Mit Tarik solltest du dich auch nicht anlegen, der hat vor nichts und niemandem Angst. Die zwei gehen für mich durch Feuer und Eis."

„Aber erst mal in den Keller, Stoff holen", sagte Tarik und verschwand von der Bildfläche.

Ich schluckte. Wo war ich hier gelandet?

„Alles gut, Simon?", fragte Jan belustigt.

Ich nickte und überlegte, wie ich am besten wieder verschwinden konnte.

Als Tarik mit Chips, Salzbrezeln und Sprudelflaschen statt mit harten Drogen zurückkam, musste ich über mich selbst lachen. Ich schaute zu viele Krimi-Serien.

Wir Jungs machten es uns auf dem riesigen Sofa bequem. Tarik griff wieder zum Handy, Amelie stand noch immer vor dem Plakat.

„Wir haben da einen Verdacht, Simon", fing sie an. „Also: Warum schließen die plötzlich unsere Schule?" Sie sah mich erwartungsvoll an.

„Wegen Schimmel?", sagte ich und nahm mir eine Handvoll Chips.

Amelie zeigte mit dem Textmarker auf mich. „Das ist die Geschichte, die sie uns verkaufen wollen! In Wahrheit geht es um was ganz anderes: Unsere Mittelschule hat keinen guten Ruf, das weißt du ja selbst."

Tarik sah kurz vom Handy hoch. „Alle behaupten, dass bei uns nur die Versager abgeladen werden. Solche, die ihr Leben nicht auf die Reihe kriegen, deren Eltern sich nicht kümmern."

Jan fügte hinzu: „Weil sie kein Geld haben – oder zu viel davon, so wie meine, was so ziemlich aufs Gleiche rauskommt. Meine Eltern hätten mich natürlich auch auf eine teure Privatschule schicken können, aber sie wollten, dass ich mit normalen Leuten in Kontakt komme, haha!"

Amelie schüttelte energisch den Kopf. „Nein, nein, du liegst ganz falsch, Jan!"

Verblüfft starrte ich sie an. Amelie hatte gerade die Stimme unserer Rektorin nachgemacht, und zwar täuschend echt. Es war fast schon unheimlich.

Im typisch freundlichen Tonfall der Weber redete sie weiter: „Unsere Schule ist bunt. Wir grenzen niemanden aus!" Amelie wechselte zurück zu ihrer eigenen Stimme: „Von wegen!"

Dann schrieb sie *Ausgrenzung von Schüler-Randgruppen* hinter Punkt 2 und hämmerte mit dem Marker auf das erste Wort. „Jan, Tarik und ich fühlen uns schon länger ausgegrenzt. Immer geht es nur um Leistung. Wir sollen funktionieren, aber uns ja nicht beschweren. Und wer nicht mitkommt, ist eh selber schuld. Der ist ein Versager, und die braucht keiner. Auf uns kommt es nicht an. Also haben sich die geheimen Strippenzieher gedacht: Lasst uns diese Versager noch weiter schwächen und isolieren!"

„Wen meinst du mit Strippenzieher?", warf ich ein.

„Politiker, die Lehrer, Journalisten", erklärte Jan.

Ich schüttelte eine Sprudelflasche, damit die Kohlensäure rausging. Eigentlich wollte ich Zeit gewinnen, weil ich nicht wusste, was ich dazu sagen sollte. Gab es wirklich einen geheimen Plan, der hinter der Schimmel-Sache steckte?

Tatsache war: Ich fühlte mich schon oft als Versager. Rea und Ömer waren viel besser in der Schule als ich. Sie ließen es mir gegenüber nie raushängen, aber wir sprachen auch nie darüber. Das machte mich irgendwie traurig und wütend zugleich. Dass es Amelie, Jan und Tarik ähnlich ging, hätte ich nie gedacht.

Amelie war schon weiter bei Punkt 3: *Verdächtige Lehrerkonferenz. Wurde die Schulschließung womöglich schon viel früher beschlossen? Wenn ja, warum?*

„Gute Frage!", rutschte es mir heraus.

„Du sagst es, Alter", stimmte mir Tarik zu.

Amelie ergänzte Punkt 4 auf dem Plakat: *Big brother is watching you!*

„Das ist doch ein Zitat aus einem Science-Fiction-Film", wunderte ich mich. „Diese Geschichte, wo alle vom Staat überwacht und kontrolliert werden. Aber was hat das mit uns zu tun?"

Tarik hielt mir sein Handy hin. „Mehr als du denkst. Das könnte nämlich ein zweiter Grund sein, warum die gerade niemanden in unsere Schule reinlassen. Keiner soll Verdacht schöpfen, wenn sie noch mehr Kameras installieren."

Ich starrte Tarik ungläubig an und war kurz davor, mit irgendeiner Ausrede Tschüss zu sagen. Das Ganze wurde mir jetzt doch zu viel.

Da hob Jan die Hand und schüttelte den Kopf.

„Warte, Simon, das hier musst du dir ansehen."

Tarik zeigte mir in seiner Foto-App eine Aufnahme unserer Pausenhalle, die er am Montag nach den Osterferien gemacht hatte. Jan beugte sich rüber zu uns und tippte auf zwei Stellen oben rechts und links im Bild. Ich konnte an den Wänden zwei kleine schwarze Geräte erkennen.

Auf dem nächsten Foto hatte Tarik eines der Geräte stark vergrößert. Es ähnelte tatsächlich einer Videokamera.

„Aber jetzt kommt das Beste!" Tarik zeigte uns ein weiteres Foto unserer Pausenhalle, das vor einem Monat auf der Schulwebsite gepostet worden war. „Und was siehst du hier?", fragte er mich.

Jan, Amelie und Tarik warteten gespannt auf meine Antwort.

„Äh ... nichts", murmelte ich. „Keine Kameras."

Amelie klatschte in die Hände. „Bingo!"

Jan sprang auf und schnappte sich Amelies Textmarker. „Womit wir Punkt 5 auch gleich mit aufnehmen können." *Großer Geheimplan im Hintergrund? Verschwörung?* „Die haben doch schon mit Corona versucht, uns kleinzuhalten! Haben uns alles Mögliche verboten, und wer sich gewehrt hat, den haben sie als Verschwörer abgestempelt. Jetzt geht es weiter, jetzt wird es ganz konkret. Die wollen uns Schüler und Schülerinnen gezielt überwachen! Wollen genau mitkriegen, worüber wir reden, wo wir uns aufhalten, was wir machen."

Ich hatte plötzlich die Stimme meiner Mum im Ohr, wie sie neulich zu Dad sagte: „Die hätten die

Schulen in der Corona-Zeit nicht so lange
schließen dürfen. Selbst manche Politiker geben
inzwischen zu, dass das zu heftig war. So viele junge
Menschen haben deswegen heute psychische
Probleme!"

Jan riss mich aus meinen Gedanken, als er die
Hände wie ein Boxer hochstreckte und rief: „Das
alles lassen wir uns nicht länger gefallen! Wir
wehren uns."

Amelies Augen leuchteten. „Genau! Bisher haben
wir in unseren Videos nur unsere Meinung gesagt.
Jetzt wollen wir die Leute richtig wachrütteln und
Fotos posten. Tarik hat übrigens noch mehr
Bildmaterial: Aufnahmen von der Schule, die er am
Montag und Dienstag nach den Osterferien
gemacht hat. Auf denen sieht man nicht nur die
Kameras, sondern auch, dass absolut nirgendwo
Schimmel ist."

Jan nickte. „Eine Demo organisieren wir auch
gerade. Von unserer Schule haben schon fast
30 Leute zugesagt, dass sie mitgehen werden."

Tarik steckte sein Handy weg. „Wir müssen viele
sein, damit sie uns ernst nehmen! Aber die Macher
hinter den Aktionen, das soll ein kleines Team
bleiben. Wir drei und noch jemand, auf den wir uns
absolut verlassen können. Jemand wie du, Simon.
Du traust dich was, hat Jan uns erzählt."

Plötzlich waren mir Jan, Amelie und Tarik ganz nah. Sie fühlten sich abgehängt – genau wie ich. Und sie wollten mich dabeihaben.

„Was kannst du denn sonst so, außer klettern?", wollte Amelie wissen. „Uns fehlt noch jemand, der die neuen Videos mit dem Bildmaterial aus der Schule bearbeitet. Tarik hat zwar schon Vorschläge gemacht, aber die sind – wie soll ich sagen – speziell."

„Entschuldige mal, ich bin Künstler!" Tarik kratzte sich am Kinn und grinste. „Gut, kann sein, dass ich zu viele Effekte reinpacken wollte."

„Videos bearbeiten? Kein Problem, mach ich für euch", hörte ich mich sagen.

Jan pfiff durch die Zähne. „Der Junge ist ein Volltreffer. Und wer hat ihn entdeckt?"

„Du!", riefen Amelie und Tarik gleichzeitig. Dann lachten wir alle. Irgendwas hatte sich verändert, seit ich hier war. Ich war nicht mehr allein, ich gehörte jetzt dazu.

Plötzlich fühlte ich mich stark. Voller Power sprang ich auf, stellte mich neben Jan und sagte: „Ihr habt recht. Die dürfen uns nicht einfach abschieben! Also, wann ist die Demo, wann geht's los? Wie organisiert ihr das alles?"

5

Entscheidungen waren schon immer mein Problem gewesen. Kaum stand ich zu Hause in der leeren Wohnung – meine Eltern waren bei Freunden eingeladen –, wurde ich wieder unsicher. Ich hatte viel zu schnell Ja gesagt. Hatte mich mitreißen lassen von Jan, Amelie und Tarik und mich sofort in ihre Chatgruppe aufnehmen lassen. Dabei kannte ich die Clique doch gar nicht. Wusste nicht, wie die tickten.

Ob da wirklich was dran war an dieser Überwachung, von der die drei voll überzeugt waren? Es konnten ja auch irgendwelche anderen Geräte sein statt Videokameras ... Überhaupt waren da ziemlich viele Fragen offen. Und noch etwas kam dazu: Ich war noch nie auf einer Demo gewesen. Das Ganze war eine Nummer zu groß für mich.

Vielleicht kam ich ja noch irgendwie raus aus der Sache. Ich schmierte mir in der Küche ein Brot und legte mein Handy auf den Tisch. Am besten schrieb ich Jan jetzt gleich, bevor er und die anderen sich falsche Hoffnungen machten.

Zwei Brote und eine Banane später hatte ich gerade mal drei Worte zustande gebracht: „Weiß nicht, ob ..."

Ein Klingelton auf meinem Handy lenkte mich ab. Im Schulchat gab's was Neues. Boukari hatte an alle Schülerinnen und Schüler geschrieben.

Hallo zusammen,
ich hoffe, es geht euch gut. Ich weiß, dass es nicht leicht ist, mit der momentanen Situation umzugehen. Bestimmt habt ihr oft das Gefühl, dass ihr nichts tun könnt außer warten. Und so ein Stillstand kann ganz schön frustrierend sein.

Das möchte ich ändern! Ich organisiere einen Spendenlauf. Lasst uns Geld für Tablets und für Material sammeln, das die Schülerinnen und Schüler im Homeschooling brauchen. Familien, die all dies nicht selbst finanzieren können, dürfen auf keinen Fall benachteiligt werden. Der Förderverein unserer Schule unterstützt mich bei meiner Aktion. Und ich hoffe, ihr macht alle mit!

Hier könnt ihr euch zu dem Lauf anmelden. Und hier zum Training. Wir starten nach dem Wochenende und trainieren Montag, Mittwoch und Freitag im Herzogpark.

Yes! Ich grinste übers ganze Gesicht. Boukari war wieder da! Voll in Form, so wie ich ihn kannte. Der einzige Lehrer, der nicht aufgab und was auf die Beine stellte. Endlich!

Klar würde ich bei diesem Spendenlauf mitmachen. Ich wollte mich gerade anmelden, als mein Handy wie ein Warnlicht blinkte. Drei Nachrichten aus meiner neuen Chatgruppe kurz hintereinander.

Die erste war von Amelie:

Die nächste fette Lüge! Fallt bloß nicht darauf rein, Leute.

Jan legte nach:

Boukari wird die Spendengelder selbst einsacken. Hundertpro. Der will nur abkassieren.

Von Tarik kam:

Ja, der verarscht uns! Ratet mal: Wer hat vor einem Monat dieses Foto von der Pausenhalle auf unserer Schulwebsite gepostet? Boukari! Hab ich gerade rausgefunden, steht klein gedruckt und gut versteckt auf der Webseite. Boukari hat an dem Tag übrigens noch mehr Schulfotos reingestellt. Davor gab es da immer nur langweilige Texte. Jetzt plötzlich so viele Fotos! Das ist doch verdächtig. Was sagst du denn dazu, Simon?

Eine Stimme in mir rief: *Stopp! Das mit den Fotos konnte doch auch einfach Zufall sein.* Komisch fand ich auch, dass Jan, Amelie und Tarik den Boukari gleich so auf dem Kieker hatten. Aber vielleicht wollten sie mich damit auch nur testen. Wollten sichergehen, dass ich auch wirklich dabei war.

Alle drei blieben on. Ich musste antworten. Und zwar schnell.

Danke, Leute, schrieb ich. Weiß auch nicht, was ich davon halten soll.

Das „Bis bald" am Ende löschte ich wieder. Sonst standen die womöglich morgen bei mir auf der Matte.

Zum Glück kommentierten sie meine Antwort nicht und schickten auch nichts Neues mehr.

Ich dachte über ihre Bemerkungen nach. Der Boukari geldgierig? Das passte für mich nicht. Im Sportunterricht war er immer fair und auch so als Lehrer echt cool.

Ich musste an Rea und Ömer denken. Was die wohl jetzt machen würden? Am liebsten hätte ich sie angerufen und um Rat gefragt, aber das konnte ich nicht bringen. Die würden sich ziemlich wundern, warum ich auf einmal doch mit Jans Clique was am Laufen hatte. Und an eine Verschwörung würden sie wahrscheinlich auch nicht glauben. Hatten sie auch gar nicht nötig. Die beiden hatten Pläne, die hatten was drauf. Rea wollte später das Abi nachholen und Ärztin werden. Und Ömer würde als Rapper durchstarten.

Ich löschte in der Küche das Licht und ging in mein Zimmer. Dort fuhr ich den Laptop hoch und öffnete den Link zur Anmeldung für den Lauf.

Montag, 06:45 Uhr. Ich war zum ersten Mal im Herzogpark. So früh am Morgen lag noch Tau auf dem Rasen. Es roch nach feuchter Erde und Rindenmulch, mit dem die Rosenbeete abgedeckt waren. Unter den Sträuchern blühten schon die ersten Krokusse. Würde mich nicht wundern, wenn auf der nächsten Bank irgendein Pärchen saß und Händchen hielt.

Zum Glück kam da vorne Boukari durchs Tor gelaufen. In kurzen Hosen, mit einem zufriedenen Lächeln im Gesicht.

„Hallo, Simon!", begrüßte er mich. „Auch schon am Start?"

„Klar!", sagte ich.

Während wir auf die anderen warteten, vibrierte mein Handy. Amelie schickte zwei Smileys und bedankte sich, weil ich die Videos mit Tariks Fotos so toll bearbeitet hatte.

Tja, was soll ich sagen? Ich war jetzt doch bei ihrer Sache dabeigeblieben. Ein Versprechen bricht man nicht einfach so. Das geht nicht.

Inzwischen hatten sich 15 Leute aus unserer Schule im Park versammelt. Nicht schlecht für den

Anfang. Rea machte auch mit, sie hatte sich extra eine neue Sporthose gekauft. Ömer war nicht dabei, er wollte uns beim Spendenlauf lieber anfeuern. Hatte ich mir gleich gedacht. Er war nicht so der sportliche Typ.

Boukari rieb sich die Hände warm. „Los geht's! Viel Spaß."

Zum Aufwärmen drehten wir zwei Runden auf dem unteren Rasen. Dann liefen wir die steilen Treppen zum Teich hoch. Oben angekommen, ging es sofort wieder runter, noch mal rauf, runter und so weiter. Danach kreuz und quer durch den Park. Viele keuchten und stöhnten, aber ich hatte keine großen Probleme.

„Du bist fit, Simon!", lobte mich mein Sportlehrer. „Weiter so."

Das motivierte mich total. Ich hätte locker an einigen vorbeiziehen können, aber ich wollte Rea nicht hängen lassen.

Nach dem Training gingen wir zusammen zum Bus. Rea war immer noch außer Atem, aber sie strahlte mich an. „Ich war die ganze Zeit so depri drauf, Simon. Das Homeschooling macht mich fertig. Aber jetzt geht's mir wieder besser!"

Betroffen sah ich sie von der Seite an. Davon hatte ich gar nichts mitbekommen. In den letzten drei Wochen war bei mir sowieso Land unter gewesen.

„Freut mich für dich", sagte ich.

Rea legte sich ihre Sportjacke um die Schultern. Ihr glückliches Strahlen verschwand, und einen Moment später fragte sie: „Wie sind eigentlich Jans Freunde so? Du kennst sie ja jetzt besser."

„Wieso? Was meinst du damit?" Ich wurde rot.

Ein Laster donnerte an uns vorbei. Rea wedelte mit der Hand die Abgaswolke weg.

„Ich hab Jan gestern im Sportladen gesehen", sagte sie. „Er war am Handy und ich hab gehört, dass er mit dir gesprochen hat. Er wollte, dass du Amelie und Tarik irgendwas schickst." Rea zögerte kurz, bevor sie mich fragte: „Bist du jetzt bei Jan in der Clique?"

„Nein! Also, jedenfalls nicht so richtig ...", wich ich der Frage aus. „Es ist ganz anders, als du vielleicht denkst, weil ... Also Jan, der hat so was ..." Je mehr ich zu erklären versuchte, umso trauriger wurden Reas Augen.

Der Bus bremste an der Haltestelle. Zischend öffneten sich die vorderen Türen. „Pass auf dich auf, Simon", sagte Rea. „Ich hab kein gutes Gefühl bei Jan." Sie stieg ein und winkte mir durch die Fensterscheibe zu.

Als der Bus losfuhr, starrte ich ihm nach und murmelte. „Die immer mit ihrem Gefühl!" Diesmal lag Rea bestimmt falsch. Oder?

6

Vor dem blauen Start-Banner am Marktplatz war
die Hölle los. Wir Läuferinnen und Läufer hatten
kaum Platz, weil überall von den Seiten Zuschauer
reindrängten. Ich überprüfte zum dritten Mal, ob
meine Startnummer sicher am T-Shirt befestigt
war.
„Passt alles", beruhigte mich Rea und lächelte. „Viel
Glück, Simon!"
„Dir auch."
Jan war kein Thema mehr zwischen uns. Rea tat so,
als würde er nicht existieren. Das war mir nur recht,
denn ich traf mich weiter mit Jans Clique. Alles
mussten Ömer und Rea auch nicht wissen.
Plötzlich hörte ich Ömer laut rufen: „Simon, Rea!"
Er hatte sich an der Seite postiert und sprang wie
ein Hampelmann auf und ab, um uns anzufeuern.
Mein Handy meldete sich dreimal hintereinander.
Ich checkte die Nachrichten. Alle drei waren von
Jan.

Warum machst du jetzt doch bei diesem Scheiß mit?
Ich dachte, wir waren uns einig, dass wir nur
herkommen, um Boukari im Auge zu behalten!
Auf welcher Seite stehst du?
Entscheide dich!

Mir liefen kalte Schauer den Rücken runter,
obwohl die Sonne schien und es ziemlich warm
war.

„Macht euch bereit. Wir zählen gleich ein!", hörte
ich Boukaris Stimme aus dem Lautsprecher. Er
stand neben Arno, dem Sportmoderator vom
Lokalradio.

Ich stellte mein Handy auf stumm. Dieser Lauf war
mein Ding. Damit musste Jan klarkommen, ob es
ihm passte oder nicht.

Extra laut brüllte ich mit den anderen: „Zehn,
neun, acht … vier, drei, zwei, eins …"

„Peng!", knallte die Schreckschuss-Pistole.

Ich lief los, ließ alles hinter mir. Ich wollte unter
den ersten 20 sein. Insgesamt machten fast
dreihundert Leute mit.

Am Anfang waren wir alle noch im großen Rudel,
aber bald blieben einige zurück. Ich arbeitete mich
langsam nach vorne. Überholte Rea und ein paar
Jungs aus der sechsten Klasse. Weiter nach vorne!
Ich musste zum Läufer mit dem grünen Luftballon.

00:59 stand auf der Oberfläche des Ballons. Das bedeutete, dass er nach 59 Minuten das Ziel erreichen würde und dafür das Tempo vorgab. Wenn ich dicht hinter ihm blieb, würde auch ich die zehn Kilometer unter einer Stunde machen.

Ich rannte durch die Altstadt. Kein Auto weit und breit. Alles extra abgesperrt für unseren Spendenlauf. Hinter dem rot-weißen Band klatschten die Leute, die uns zuschauten. Viele Eltern waren dabei, nur meine hatten mal wieder keine Zeit. Mussten beide am Sonntag arbeiten. War ja klar.

Weiter! Rein in den Herzogpark, unsere Trainings-Strecke der letzten zwei Wochen. Ich fühlte mich gut. Aber wo war der grüne Ballon? Mist! Der Tempo-Läufer hatte angezogen.

Hinter dem Park begann der erste Anstieg. Ich sprintete den Hügel hoch. Danach ging es bergab. Meine Beine liefen wie von selbst.

Endlich war ich hinter dem grünen Ballon. Ich ließ ihn nicht mehr aus den Augen. Die Stadt lag hinter uns. Die Strecke ging durchs Industriegebiet, danach am Feldrand entlang in den Wald. Jetzt kam der schwierigste Teil: zwei lange Berge hintereinander. Ich keuchte, kämpfte mich hoch. Bekam Seitenstechen und musste zusehen, wie der grüne Ballon verschwand.

Die Strecke zurück kam mir viel länger vor. Es dauerte ewig, bis endlich wieder der Herzogpark auftauchte. Drei Läufer überholten mich. Dann zog ich an ein paar Sportlern vorbei. Ich hatte keine Ahnung, wo ich war. Vielleicht im Mittelfeld?

Da, der grüne Ballon! Ich rannte und rannte. Am Tempo-Läufer vorbei. Noch zwei Kilometer. Immer mehr Zuschauer standen am Rand, klatschten und feuerten uns an. Ich fing an zu fliegen, hatte plötzlich so viel Kraft.

„Wer wird die Nummer fünf?", rief Boukari aus dem Lautsprecher. „Ist es Lukas? Nein, da zieht Simon vorbei. Ganz locker sieht das aus. Sehr gut, Simon!"

Auf der Zielgeraden gab ich alles. Rannte unter dem blauen Banner durch und warf beide Arme hoch.

„Simon ist der fünfte Läufer im Ziel", rief Arno. „Gratuliere, Simon!"

Alle jubelten und klatschten. Mein Herz hämmerte gegen die Brust. Ich konnte es nicht glauben.

„Fünfter, Alter!", brüllte Ömer. „Du machst mich fertig. Hammer!"

Ich keuchte und grinste und merkte erst jetzt, dass ich mich total verausgabt hatte. Aber es hatte sich gelohnt.

Nachdem ich zwei Becher Wasser leer getrunken

hatte, beruhigte sich mein Puls langsam wieder.
Boukari kam extra zu mir her, um mir zu sagen, wie
stolz er auf mich war. Dann stellten Ömer und ich
uns ans Ziel und warteten auf Rea. Sie landete im
hinteren Mittelfeld, freute sich aber trotzdem.
Ich duschte schnell in der Nasszelle bei den
Umkleiden, um die Siegerehrung nicht zu
verpassen. Die drei Ersten waren alle Mitglieder im
Laufclub und trainierten viermal die Woche. Denen
gönnte ich den Sieg.
Auf der Bühne hielt erst die Bürgermeisterin eine
Rede und dann unsere Rektorin.
„Der Spendenlauf war ein Megaerfolg!", verkündete
die Weber. „Vielen Dank an die Sportlerinnen und
Sportler und an alle, die so großzügig gespendet
haben. Und einen Riesenapplaus an unseren
Sportlehrer, der diese tolle Idee hatte!"
Boukari präsentierte stolz die große Spendenbox.
Alle klatschten begeistert, machten Fotos. Ich griff
nach meinem Handy, um auch eins zu schießen, da
vibrierte es. Eine neue Nachricht.
Jan hatte mir eine Nahaufnahme von Boukari
geschickt. Darauf sah mein Sportlehrer lächelnd in
die schmale Öffnung der Spendenbox.
Unter dem Foto stand als Kommentar: Pass auf,
wem du zujubelst!

Eine Sekunde später schrieb Amelie: Falsches Spiel. Glaub denen da oben kein Wort!

Ich zuckte zusammen und sah mich um. Jan und Amelie mussten irgendwo weiter vorne sein, aber ich konnte sie nicht finden.

Auf der Bühne steckten die Bürgermeisterin, die Weber, Arno vom Radio und Boukari die Köpfe zusammen. Sie flüsterten, lachten und zwinkerten sich zu.

Plötzlich hatte ich das Gefühl, auf der falschen Party zu sein. Bis jetzt hatte sich kein Schwein für unsere Mittelschule interessiert. Und auf einmal waren sie alle da: die Presse, eine Politikerin. Wichtige Leute, die in unserer Stadt etwas zu sagen hatten. War es möglich, dass Jan und Amelie recht hatten? Lief hier im Hintergrund vielleicht wirklich eine üble Verschwörung ab?

Rea und Ömer holten sich etwas zu trinken. Ich hatte keinen Durst, war viel zu aufgewühlt.

Jetzt drängte sich eine junge Journalistin von der Lokalzeitung zur Bühne vor. Sie hielt meinem Sportlehrer ein Mikro hin und rief aufgeregt: „Herr Boukari, zehn Minuten für ein Interview!"

„Bin sofort bei Ihnen." Boukari sprang gut gelaunt von der Bühne und bahnte sich einen Weg durch die vielen Leute. Zu spät merkte ich, dass er auf mich zusteuerte. Bevor ich wusste, was los war, drückte er mir die Spendenbox in die Hände. „Passt du kurz auf unseren Schatz auf? Ich vertraue dir, Simon." Und schon war er weg.

Ich hielt die Box fest und starrte in die Menge. Irgendwo hörte ich Rea und Ömer lachen. Die brauchten aber lange, um Getränke zu holen. Und ich stand hier doof da und konnte nicht weg.

Die Weber lief mit einer Lehrerin an mir vorbei. Ich hörte die Rektorin seufzen und leise zu ihrer Kollegin sagen: „Heute wollen wir die fröhliche Feier nicht stören. Morgen früh informiere ich dann alle, dass die Schule doch erst nach den Pfingstferien wieder aufmachen kann."

Ohne auf mich zu achten, verschwanden die beiden in der Menge. Geschockt sah ich ihnen nach. Was war das denn gewesen?

Plötzlich entdeckte ich Jan. Er hatte den Arm um Amelie gelegt. Langsam marschierten die beiden auf mich zu.

Dicht vor mir blieben sie stehen und Jan zischte mir ins Ohr: „Du warst echt gut beim Lauf. Aber jetzt lass uns von hier verschwinden, Simon, wir haben genug gesehen!"

Mein erster und letzter Eintrag in dieses Tagebuch!

Montag, 19:58 Uhr
Heute ist der schlimmste, schwärzeste, beschissenste
Tag meines Lebens.
Die Schule hat mich voll eingeholt, und ich fühle
mich wieder wie ein kompletter Versager. Dabei ist
der Tag gestern nach dem Spendenlauf noch so gut zu
Ende gegangen.
Ich erzähle lieber erst mal noch von gestern:
Als Jan wollte, dass ich mitkomme, war ich hin- und
hergerissen und konnte mich nicht entscheiden. Jan
hat echt nett reagiert und mir zu meinem Erfolg
gratuliert. Er hat gesagt, er kann es gut verstehen,
dass mich das Laufen glücklich macht, aber ich solle
nicht vergessen, was hier eigentlich gespielt wird. Er
hat mir auf die Schulter geklopft und gesagt: „Wir
brauchen dich, Simon.“
Und Amelie hat mir zugeflüstert: „Lass uns
zusammen für unsere gute Sache kämpfen. Vergiss
nicht: Übermorgen ist die Demo!“
Da war auf einmal alles klar für mich. Ich hab die
Spendenbox schnell einem Mädchen aus der Fünften

*in die Hand gedrückt. Sollte die doch darauf
aufpassen. Ich hatte Wichtigeres zu tun. Ich wollte
Jan, Amelie und Tarik bei ihren nächsten Aktionen
helfen.*

*Er und seine Clique, die schlucken nicht einfach alles,
was die Erwachsenen so von sich geben. Die
hinterfragen auch mal was. Das finde ich gut.*

*Jan, Amelie und ich sind danach noch einen Döner
essen gegangen. Ich hab ihnen natürlich gleich
erzählt, was die Weber zu ihrer Kollegin gesagt hat.
Das hat die beiden überhaupt nicht gewundert.*

*„Siehst du!", hat Jan gesagt. „Das Schimmel-Problem
wird total übertrieben, damit sie die Schule noch
länger dichtmachen können."*

*Das glaube ich inzwischen auch. Am Abend bin ich
dann müde und glücklich ins Bett gefallen und hab
zehn Stunden geschlafen.*

*Wäre ich doch bloß nicht aufgestanden heute!
In der Schule haben wir zwei Klassenarbeiten
zurückbekommen: in Deutsch und in Mathe. Weil
wir ja immer noch im Homeschooling sind, hat die
Paulsen die korrigierten Arbeiten per Mail verschickt.
Ich habe zwei Fünfer!!!*

*Die Paulsen hat vor der ganzen Klasse – alle hatten
ihre Kameras an – zu mir gesagt: „Es sieht leider sehr
danach aus, dass du jetzt doch wiederholen musst,
Simon. Wir können gerne telefonieren, deine Eltern,*

du und ich. Aber ich muss dir jetzt schon sagen, dass
sich da vermutlich nichts machen lässt!"

Jedes einzelne Wort von der Paulsen hat sich in mein
Gehirn eingebrannt. Und ich hab mich so was von
geschämt vor den anderen.

Was sonst passiert ist an diesem Schultag, ist voll an
mir vorbeigerauscht. Ich hab die ganze Zeit überlegt,
wie ich die Sache mit dem Sitzenbleiben meinen
Eltern beibringen soll.

Die waren natürlich total geschockt, als sie später von
der Arbeit kamen. Die Gesichter von den beiden
werde ich nie vergessen. Ich habe genau gesehen, was
sie dachten, obwohl sie es nicht ausgesprochen haben:
Wir sind so enttäuscht von dir!

Meine Mum hat mich in den Arm genommen. Mein
Dad hat kaum was gesagt. Später hat meine Mutter
ein Buch mit leeren Seiten aus ihrem Arbeitszimmer
geholt: dieses Tagebuch. Das hat sie mir geschenkt,
damit ich besser in Deutsch werde. Ich hasse sie!

Abends kam dann auch noch eine Mail von Boukari.
„Deine Klassenlehrerin hat uns über deine Situation
informiert", hat er geschrieben. „Ich kann das gar
nicht glauben. Wenn ich gewusst hätte, dass du in
zwei Hauptfächern Probleme hast, hätte ich dir nicht
erlaubt, beim Training für den Spendenlauf
mitzumachen. Ich hoffe sehr, dass du deine
schulischen Leistungen wieder verbessern kannst. In

den Pfingstferien bietet unsere Schule kostenlose Nachhilfekurse an. Du kannst dich jederzeit dafür anmelden. Ich wünsche dir alles, alles Gute!"

Mir wurde richtig schlecht, nachdem ich diese verlogene Mail gelesen hatte.

Wie hatte ich Boukari nur so falsch einschätzen können? Er hat immer nur so getan, als ob er an mich glauben würde. Dabei hat er mich von Anfang an für einen Versager gehalten, genau wie die Paulsen.

Gerade hab ich noch mit Rea und Ömer telefoniert. Ömer hat gesagt: „Vielleicht lässt sich ja doch noch was machen. Aber auch wenn du im Herbst in einer anderen Klasse bist, bleiben wir Freunde." Rea möchte mir in Mathe helfen.

Ich hab mich bei den beiden bedankt, aber – ganz ehrlich – ich glaube nicht, dass sie mir helfen können. Ich bin ein Versager! Die ganze Welt hat sich gegen mich verschworen. Aber ich lasse nicht mehr länger zu, dass die anderen mich fertigmachen. Ich lasse mir das nicht mehr gefallen. Es reicht! Ihr werdet euch noch wundern.

7

Die Glocke der Kirchturmuhr schlug zwölf Mal.
Mitternacht. Ich lag im Bett, war todmüde und
konnte trotzdem nicht schlafen. Kein Wunder nach
diesem Horrortag: Zwei Fünfer. Sitzen bleiben. Das
musst du erst mal verdauen. Und da war noch was
anderes. Ich hatte Schiss vor der Demo heute
Nachmittag. Meine allererste Demo überhaupt.
Wir haben die nicht angemeldet bei der Polizei.
Aber ich hatte Jan fest versprochen, dass ich dabei
bin. Jetzt konnte ich keinen Rückzieher mehr
machen.
„Pling!", machte plötzlich mein Handy auf dem
Nachttisch. Ich hatte vergessen, es stumm zu
schalten. Das Display leuchtete auf. Jan hatte eine
Nachricht geschickt:
Wir brauchen deine Hilfe.
Sofort klopfte mein Herz schneller.
„Pling!" Schon wieder Jan!
Es ist dringend. Komm runter. Ich warte unten an der
Ecke.

An welcher Ecke? Schnell sprang ich aus dem Bett und zog die Vorhänge zurück. Am Ende unserer Straße stand tatsächlich Jan auf dem Gehsteig. Die Laterne warf kaltes weißes Licht auf sein Gesicht. Warum tauchte Jan mitten in der Nacht bei mir zu Hause auf? War etwas mit Amelie oder Tarik? Hatten sie Probleme? Oder würde *ich* gleich ein Problem kriegen?

Hastig zog ich Jeans und Pulli an, meine Socken konnte ich auf die Schnelle nicht finden. Auf Zehenspitzen schlich ich über den dunklen Flur, am Schlafzimmer meiner Eltern vorbei, und schlüpfte an der Wohnungstür barfuß in die Sneakers. Ganz, ganz langsam drückte ich die Klinke nach unten. Mit einem dumpfen Geräusch fiel die Tür hinter mir ins Schloss.

Draußen war es dunkel. Kein Stern am Himmel, kein Mond zu sehen. Ein kalter Windstoß fuhr durch meinen Pulli. Ich hatte meine Jacke vergessen. Zu spät.

Jan lief sofort los. Ich stolperte hinter ihm her durch die menschenleeren Straßen.

„Ist was passiert?", wollte ich wissen. „Sag bitte endlich, was los ist!"

Jan blieb kurz stehen und winkte ab. „Später. Wir müssen uns beeilen."

Das klang alles gar nicht gut. Das klang gefährlich.

Ich wollte umdrehen und davonrennen, aber dann ging ich doch mit Jan mit. Es gab kein Zurück.

Wir durchquerten den dunklen Stadtpark. Leere Bierflaschen und Müll lagen auf der Wiese herum. Ein Obdachloser schlief in einem viel zu dünnen Schlafsack auf einer Bank. Plötzlich wurde mir richtig kalt. Und ich wusste genau, wo es hinging. Vorne an der Kreuzung konnte ich unsere Schule sehen.

Hinter den rot-weiß gestreiften Schrankenzäunen, mit denen das verschlossene Schultor blockiert war, standen Amelie und Tarik. Amelie hatte eine Stoffrolle unter den Arm geklemmt. Tarik riss gerade das Plakat „Bei uns sind alle willkommen" vom Pfosten rechts neben dem Tor herunter.

„Hi, Simon!", begrüßte mich Amelie lächelnd.

„Gut, dass du da bist. Wir haben einen Spezialauftrag für dich."

Tarik nickte. „Kein großes Ding, du bist ja Kletterprofi."

„Komm mit!" Jan sprang über die Schrankenzäune, die nicht besonders hoch waren.

Als wir bei Tarik und Amelie standen, zeigte Jan zum Schulturm, der seit einer Woche von einem Baugerüst umzingelt war. „Siehst du das Werbebanner da oben am Gerüst, das von der Trockenleger-Firma?"

„Ja, klar, was ist damit?"

Jan legte mir die Hand auf die Schulter. „Der Spruch ist total daneben! *Trockenlegung. Gut, sicher, schnell.* Das soll wohl ein Witz sein. Die stellen ein Gerüst auf und das war's. Die machen nix. Oder siehst du hier irgendwo Maschinen, Werkzeug und Material?" Er wartete auf meine Antwort.

„Äh ... nein", sagte ich.

„Genau!", stimmte Amelie mit ein. „Wo kein Schimmel ist, kann man ja auch nix machen. Das sollen jetzt endlich alle erfahren – durch unser schönes Spruchband hier." Sie tippte auf die Stoffrolle unter ihrem Arm.

„Und ... also ... was soll ich ...?" Noch während ich die Frage stellte, wurde es mir klar. „Ich soll die Banner austauschen?"

Tarik steckte sein Handy weg. „Wer hat denn was von Austauschen gesagt? Das neue Spruchband über das alte hängen geht viel schneller."

Amelie nickte. „Wir haben Kabelbinder besorgt und Löcher in die Ecken von unserem Banner gestanzt. Da muss man die Kabelbinder nur durchziehen und dann am Gerüst fixieren, möglichst so, dass das Firmenbanner komplett abgedeckt wird. Ist nicht ganz einfach, und ohne dich kriegen wir das auch nicht hin. Du kommst leicht über das Tor und hoch aufs Gerüst."

Darum ging es also. Meine Beine zitterten, und diesmal nicht wegen der Kälte. Panik-Alarm vom Kopf bis zu den Füßen. Wie sollte ich das allein schaffen? Für so eine Aktion brauchte man zwei Leute. Aber ich wollte kein Feigling sein, auf gar keinen Fall.

„Okay", sagte ich möglichst cool. „Ich helfe euch, und ich hab auch schon einen Plan. Sicherheit geht vor. Wir machen das im Team: Einer von euch kommt mit aufs Gerüst. Freiwillige vor."

Sofort zog Tarik beide Schultern hoch. „Ich bin raus, Leute, mir wird schlecht bei so was."

Ich verkniff mir eine Bemerkung. Von wegen, Tarik hatte vor nichts und niemandem Angst!

Jan schüttelte den Kopf. „Sorry, ich muss mit Tarik unten bleiben und aufpassen. Falls die Bullen kommen, lenken wir sie ab."

Amelie verdrehte die Augen. „Ihr seid ja zwei echte Superhelden!" Dann nickte sie mir zu. „Bin dabei."

Ich war so was von erleichtert, aber meine Beine zitterten immer noch. Ich holte tief Luft, irgendwie musste ich die Panik überwinden. Plötzlich fiel mir ein Trick ein. Ich stellte mir vor, dass ich in der Boulderhalle war, und die hatten mal wieder alles umgeschraubt. Das hier war eine Challenge!

So genau hatte ich mir unser Schultor noch nie angeschaut. Solide geschmiedete Arbeit aus Eisen.

Die Schnörkel sollten wohl Blumen darstellen, und die meisten Abstände dazwischen waren verdammt eng. Ich musste es versuchen.

Meine Zehen in den Sneakers schoben sich zwischen das kalte Eisen. Nächster Griff! Ich zog mich hoch. Im Zickzackkurs weiter.

Griff-Tritt-Griff-Tritt. Ich war am Top.

„Vorsicht, die Kanten da oben sind scharf!", warnte mich Amelie, die mir bereits vorsichtig nachkletterte.

Hatte ich auch schon gemerkt. Ich schätzte die Entfernung zum Boden ab. Auf der anderen Seite konnte ich mir die Tritte sparen. Ich sprang und landete sicher auf beiden Füßen. Amelie brauchte länger, und vor dem Sprung zögerte sie eine Weile. Doch schließlich landete sie wohlbehalten neben mir und grinste stolz.

Jan und Tarik versuchten jetzt, die Rolle durch eine der etwas größeren Lücken zu schieben. Erst schafften sie es nicht, weil das Teil ziemlich unhandlich war. Endlich kam es bei uns drüben an. Zu zweit trugen Amelie und ich die Rolle hinüber zum Gerüst.

Auf der Seite gab es Leitern, also kein Problem. Nur leider kamen wir mit unserer Last auf den Schultern viel zu langsam vorwärts. Okay, ruhig atmen und lieber nicht nach unten sehen.

Wir hatten die zweite Ebene erreicht, mussten aber weiter bis zur vierten. Je höher wir stiegen, umso stärker wurde der Wind. Er zerrte am aufgehängten Banner der Trockenleger-Firma, das ich nun endlich aus der Nähe sehen konnte.

Geschafft! Wir waren auf der vierten Ebene angekommen. Vorsichtig legten wir die Stoffrolle ab. Meine Knie zitterten schon wieder. Wir turnten viel zu weit oben am Abgrund herum. Neun oder zehn Meter waren es bestimmt bis zum Boden, aber daran durfte ich jetzt nicht denken.

Als Amelie den Stoff ausrollte, blähte er sich im Wind. Ich erwischte gerade noch ein Stoffende. Eine Sekunde später, und das Teil wäre davongeflogen.

Amelie war blass geworden. Hastig holte sie die vier Kabelbinder aus ihrer Jackentasche. Ich nahm sie entgegen und bat Amelie, das Banner zu halten.

„Links höher!", rief Jan von unten.

Ich beugte mich nach außen, schnappte mir eine obere Ecke und zog so schnell wie möglich den ersten Kabelbinder durch. Sobald er eingerastet war, machte ich bei der Ecke darunter weiter. Dann schob ich mich an Amelie vorbei und half ihr, den Stoff über dem alten Banner auszubreiten. Wieder musste ich mich nach außen beugen. Der dritte Kabelbinder rastete ein und endlich auch der vierte.

„Passt perfekt!", hörte ich Tarik rufen.

Amelie ging es nicht gut. Sie wollte, dass ich zuerst die Leiter hinunterstieg. Meine Angst war plötzlich weg, weil ich mir Sorgen um Amelie machte.

„Gleich hast du es geschafft!", motivierte ich sie. Gemeinsam liefen wir zum Tor, wo uns eine letzte Kletteraktion erwartete. Ich zeigte Amelie, wo sie die besten Griffe fand. Auf der anderen Seite dann zweimal der Absprung, und wir standen wieder neben Tarik.

Er murmelte nervös: „Alter, ich hätte mir fast in die Hose ge..."

Amelie lachte schon wieder, und Jan pfiff leise durch die Zähne. „Ihr habt es voll drauf. Amelie, von dir hab ich nichts anderes erwartet. Simon, jetzt gehörst du zu uns. Wir sind die coolsten Aktivisten in ganz Deutschland!"

Wir klatschten ab. Erst dann kam ich dazu, den Spruch auf dem Banner zu lesen. Als hätten wir uns verabredet, tauchte in dem Moment der Mond hinter einer Wolke auf. Die Buchstaben in Neonfarben fingen an zu leuchten.

Es gibt keinen Schimmel an unserer Schule!
Glaubt nicht an die Schimmel-Lüge.
#Schimmelschwindel

Nachmittags auf der Demo waren wir mindestens zwanzig Leute, und ich mittendrin. Es regnete in Strömen, aber davon ließen wir uns nicht abhalten. Mit lautstarker Musik – ein cooler Hip-Hop-Song in Endlos-Schleife – zogen wir nachmittags um fünf Uhr um das abgesperrte Gelände unserer Schule. Ich sah sofort, dass der Wind das Banner oben am Schulturm halb heruntergerissen hatte. Vom Zweizeiler *Es gibt keinen Schimmel an unserer Schule! Glaubt nicht an die Schimmel-Lüge* konnte man nur noch „Schule" und „Lüge" lesen. Egal. Wir hatten grellbunte Transparente dabei, von Tarik entworfen, die wirklich keiner übersehen konnte. Jan und ich liefen nebeneinander. Auf unserem großen Banner, das wir an Holzstäben trugen, stand: *Wir Schüler werden abgeschoben.* Hinter uns liefen Amelie und Tarik mit ihrem grünen Spruchband *Die große Schimmel-Lüge.* Zwei Mädchen aus der Achten hielten *Die Politik macht uns fertig!* hoch, gefolgt von drei anderen mit dem extra breiten Banner *Stopp! Nie mehr Homeschooling.*
So viele Leute hier: vor mir, hinter und neben mir! Gemeinsam wiederholten wir immer wieder lautstark unseren Slogan: „Lügt uns nicht an!"
Noch nie hatte ich mich so stark gefühlt, so frei. Ich war kein Versager mehr. Ich war jemand, der für

seine Rechte kämpfte. Und ich hatte Freunde, die sich auch trauten, auf die Straße zu gehen. Jetzt konnten sie uns nicht mehr wie Luft behandeln. Jetzt mussten sie uns endlich ernst nehmen.

Meine Haare waren längst klatschnass, meine Jacke durchgeweicht. Aber ich fror nicht, mir war sogar warm. Und ich war so gespannt, wie die Leute um uns herum reagieren würden!

Als wir nach unserer ersten Runde wieder am Schultor vorbeikamen, sah ich eine Familie. Die Eltern mit Regenschirmen, die beiden kleinen Kinder in gelben Buddelhosen.

„Was machen die da?", fragte der größere Junge neugierig. Seine kleine Schwester lachte und klatschte in die Hände.

Der Vater zog die Kinder von uns weg. „Nur dumme Sachen! Die sollten lieber zu Hause für die Schule lernen."

Eine Frau stoppte mit dem Fahrrad. „Ihr jungen Leute habt es wirklich nicht leicht! Lasst euch nichts gefallen. Viel Erfolg!", wünschte sie uns.

Gerade als ich mich bedanken wollte, bremste ein Mann sein Auto neben uns ab und schimpfte aus der offenen Fensterscheibe: „Schimmel-Lüge, so ein Quatsch! Ihr wollt doch nur die Schule schwänzen!" Damit brauste er davon und spritzte uns mit Regenwasser voll.

„So ein Idiot!", regte Jan sich auf.

Ich beschloss, mich nicht ärgern zu lassen. Selbst wenn nur ein paar Leute wachgerüttelt wurden, hatte sich unsere Demo schon gelohnt.

Als wir mit unserem Zug um die Ecke bogen, sah ich auf der anderen Straßenseite die Weber. Ihren Gesichtsausdruck konnte ich nicht deuten. Sie stand einfach nur mit verschränkten Armen da und beobachtete uns. Wir liefen weiter, und ich verlor sie aus den Augen.

Kurz darauf kam uns eine Frau mit einem großen schwarzen Regenschirm entgegen. Als sie stehen blieb und den Schirm anhob, erkannte ich Frau Paulsen. Die hatte mir gerade noch gefehlt!

Sie entdeckte mich und rief mir zu: „Hallo Simon! Wissen denn deine Eltern, dass du hier dabei bist?" Sie hatte schon wieder diesen scheinheiligen, mitfühlenden Ton drauf.

Ich drehte ihr den Rücken zu und brüllte: „An unserer Schule gibt es keinen Schimmel! Fette Lüge!" Dann ging ich weiter.

Zum Glück verzog sich die Paulsen, jedenfalls sah ich sie nicht mehr. Wir liefen an der Turnhalle vorbei, und ich musste an Boukari denken.

Hoffentlich kreuzte der nicht auch noch auf. Doch diese Begegnung blieb mir zum Glück erspart. Dafür kamen uns jetzt die Rektorin und Zach entgegen, mein Deutschlehrer von letztem Jahr – ein superstrenger Typ.

Zach blieb stehen, schüttelte den Kopf und sagte: „Glaubt ihr wirklich, was ihr da behauptet? Die Maßnahmen sind doch zu eurem Schutz! Begreift ihr das nicht?"

Amelie fing geduldig an: „Ich erkläre Ihnen gerne, worum es uns hier geht. Wir wollen endlich gehört werden mit unseren ..."

Eine laute Sirene übertönte Amelies Stimme und den Sound unserer Lautsprecherbox. Drei Polizeiwagen fuhren auf uns zu und bremsten vor der Schule. Und schon waren wir von Menschen in Uniform umringt.

„Diese Demo ist nicht angemeldet", teilte uns eine Polizistin mit. „Ihr dürft nicht einfach so auf die Straße gehen!"

Ihr Kollege sprach in ein Megafon: „Alle gehen *sofort* nach Hause! Die Demo wird jetzt aufgelöst. Jeder geht *freiwillig* nach Hause."

Die vier anderen Polizeikräfte trieben unseren Zug auseinander. Jan und ich rollten ganz ruhig unser Banner ein und sahen uns an. Wir würden nicht aufgeben. Never.

8

Am nächsten Morgen wachte ich mit Halsweh und verstopfter Nase auf. Meine Mum wollte mir erst nicht glauben, dass ich krank war. Sie stand an meinem Bett und legte prüfend die Hand auf meine Stirn.

„Fühlt sich warm an", musste sie zugeben. „Sag bloß, du warst gestern bei dem Regen Basketball spielen?"

„Ja, leider", log ich. „Keine gute Idee, ich weiß."

Meine Eltern waren gestern Abend spät nach Hause gekommen und hatten von der Demo nichts mitbekommen. Und mein Dad war heute schon früh aus dem Haus gegangen, um mit seinem Taxi eine Extraschicht zu fahren.

Mum wuschelte mir durch die Haare. „Dann bleibst du am besten ein bisschen liegen, Schatz!"

Sofort bekam ich ein schlechtes Gewissen, aber ich konnte ihr nicht die Wahrheit erzählen. Das würde sie nicht verkraften.

Meine Mum brachte mir eine Kanne Tee ans Bett

und Toast. „Ich hab deiner Klassenlehrerin gemailt, dass du es heute nicht zum Homeschooling schaffst. Ruh dich gut aus, Simon. Bestimmt geht es dir morgen schon besser. Dann reden wir über den Nachhilfekurs in den Pfingstferien, ja?"

„Klar, Mum. Sehr gerne." Ich klang wie eine Bedienung im Café, wenn sie die Bestellung aufnimmt.

Mum lächelte. „Bis heute Nachmittag. Ich muss los."

„Ciao!", rief ich ihr nach. Als sie endlich weg war, verprügelte ich mein Kopfkissen. Da hatte ich noch mal Glück gehabt. Mum merkte sonst sofort, wenn ich log.

Der Tee tat gut. Nach drei Tassen war mein Halsweh fast weg. Fieber hatte ich auch keins. Vielleicht kam ich ja mit einem leichten Schnupfen davon. Ich stand auf und startete auf dem Handy die Musik, die gestern auf unserer Demo gelaufen war. Tarik hatte mir einen Link geschickt.

Ich verband mein Handy mit dem Lautsprecher und drehte voll auf. Der Song war besser als der Mainstream-Hip-Hop, den Ömer mochte. Der Schlagzeug-Beat rüttelte mich sofort wach. Ich grölte mit und tanzte dabei durch die Wohnung. Im Flur sah ich plötzlich das Familientelefon auf der Kommode blinken. Das Klingeln konnte ich nicht hören, dafür war die Musik zu laut. Sicher ein Anruf für meine Eltern. Keiner von meinen Freunden benutzte noch Festnetz.

Weil das hektische Blinken nicht aufhörte, machte ich die Musik dann doch aus und ging ran.

Fehler!

„Hallo, Simon. Hier ist Aren Boukari. Wie geht's dir? Ich hab von Frau Paulsen gehört, du bist krank?"

Ich schniefte in den Hörer. „Geht schon. Bin nur erkältet, hab kein Fieber."

„Das freut mich", behauptete Boukari. Ich glaubte ihm kein Wort. „Simon, wir müssen reden. Komm doch bitte morgen vorbei, falls es dir wieder besser geht."

Was sollte das denn jetzt werden? Misstrauisch hakte ich nach: „Worüber müssen wir denn reden?"

Boukari zögerte. „Das möchte ich gerne persönlich mit dir besprechen."

„Müssen", „persönlich". Die Worte konnten nichts Gutes bedeuten. Aber fast noch mehr beunruhigte mich Boukaris Stimme, die seltsam klang, nicht so locker wie sonst.

Spontan sagte ich: „Also ich bin wirklich nur ein bisschen erkältet. Ich komme lieber gleich."

Kurze Pause in der Leitung, danach: „Ja, gut, Simon. Dann sehen wir uns in etwa einer Stunde?"

Er beschrieb mir den Weg zu seinem Büro im Gewerbepark. „Du findest mich gleich links neben dem Sekretariat." Am Schluss nannte er noch die Nummer des Gebäudes, in der unsere Schule ganz normal weiterlief, ohne mich natürlich und ohne die anderen Versager, die auf der Abschussliste standen.

„Ach echt?", fragte ich. „Ich dachte, der Gewerbepark ist für die siebten und achten Klassen Sperrzone."

„Unsinn! Wir haben nur einfach nicht genug passende Räume für alle. Also bis später, Simon."

„Bis gleich."

Als ich auflegte, sprang in meinem Körper sofort wieder das Notfallprogramm an. Meine Hände fingen an zu schwitzen, mir wurde übel.

Moment mal! Ich war krankgemeldet. Warum hatte ich so schnell zugesagt zu kommen? Ich musste überhaupt nichts machen außer mich erholen. Boukari konnte mich kreuzweise! Ich lief zurück in mein Zimmer und beschloss, den Anruf zu vergessen, ihn einfach aus meinem Gedächtnis zu streichen.

Zehn Minuten später gab ich es auf. Mein Kopf-Kino wurde immer schlimmer. Ich malte mir Horror-Szenen aus, und vielleicht war ja alles ganz harmlos.

Draußen schien ausnahmsweise mal die Sonne. Ich schnappte mir Dads E-Bike und heizte mit Motor auf Turbo-Stufe quer durch die Stadt über die große Brücke.

Den Gewerbepark hatte ich noch nie gemocht. Es war ein Labyrinth aus Bürotürmen und Arztpraxen mit einem Innenhof, wo sich die Angestellten zu einem schnellen Mittagessen trafen.

Am Eingang von C 3 klebte ein Zettel unserer Mittelschule: Sekretariat 4. Stock. Ich konnte mich leider nicht verlaufen.

Als ich an der Tür von Boukaris Büro klopfte, kam er sofort raus auf den Flur.

„Da bist du ja!", begrüßte mich Boukari und lotste mich zum Zimmer der Rektorin.

Auf einmal wurde ich ganz ruhig. Alles klar. Ich würde einen Verweis bekommen, weil ich bei der Demo dabei gewesen war. Oder hatte Boukari Amelie und mich auf dem Gerüst beim Schulturm herumturnen sehen?

Egal. Bringen wir es hinter uns. Augen zu und durch.

Die Rektorin stand lächelnd von ihrem Schreibtisch auf. Im Büro stapelten sich Umzugskartons und halb ausgepackte Computer.

„Entschuldige bitte das Chaos. Setz dich doch, Simon."

Ich versuchte meinen Stuhl so weit wie möglich

von Boukari wegzurücken. Der räusperte sich und kam endlich zur Sache. „Also, es geht um das Spendengeld. Ich habe dir doch bei der Siegesfeier die Box gegeben."

„Stimmt."

„Du solltest auf sie aufpassen, bis ich vom Interview zurückkomme."

„Stimmt."

„Tja, aber als ich zurückkam nach dem Interview, warst du nicht mehr da."

„Stimmt."

„Und die Box mit dem Spendengeld war auch nicht mehr da."

Ich sah die Worte wie eine Sprechblase über seinem Kopf. Die Weber spielte nervös mit ihrem Kugelschreiber herum. Sie und Boukari starrten mich an und warteten.

Jetzt hatte ich es kapiert. „Stimmt *nicht*! Ich hab die Box einem Mädchen aus der Fünften weitergegeben. Sie hat versprochen, auf Sie zu warten."

Boukari schlug sein linkes Bein über das rechte und wippte damit. „Da war leider kein Mädchen. Seltsam, nicht?" Wie er die Augenbrauen dabei hochzog! Er war sich sicher, dass ich das Geld geklaut hatte, keine Frage. Simon, der Versager, und jetzt auch noch Simon, der Dieb und Lügner. Das passte alles super zusammen. Dabei war es genau umgekehrt!

„Kannst du uns das erklären, Simon?", wollte die Weber von mir wissen.

„Ich habe das Spendengeld nicht geklaut! Fragen Sie das Mädchen."

„Wie heißt sie denn?"

„Keine Ahnung."

„Wie sah sie aus?"

„Blonde Haare ... dunkelblond ... oder braun."

„Sie geht in die fünfte Klasse, hat sie dir gesagt?"

„Nein, aber das war klar. Die hat so jung ausgesehen, die konnte erst in der Fünften sein."

Der Boukari und die Weber wechselten einen kurzen Blick. Wie Richterin und Staatsanwalt, die sich längst einig geworden waren. Das Urteil stand schon vorher fest. Gleich würde es die Weber raushauen.

Boukari schlug jetzt sein rechtes Bein über das linke und wippte damit. „Da sind sehr viele Fragen offen, oder? Ein Mädchen ohne Namen mit einer unbestimmten Haarfarbe, vielleicht aus der Fünften, vielleicht aber auch nicht. Oder hat es das Mädchen gar nicht gegeben?"

„Ich hab die mir nicht ausgedacht!", wehrte ich mich. „Und ich hab das Geld nicht geklaut. Das hab ich doch schon gesagt!"

Die Rektorin legte ihren Kugelschreiber zur Seite. „Natürlich wird an unserer Schule niemand einfach so verdächtigt. Dein Sportlehrer hat extra drei Tage gewartet, bevor er auf mich zukam. Er war sicher, du – oder jemand anderes – würde die Box zurückbringen. Jetzt werden wir der Sache weiter nachgehen. Und wir bitten dich, alles noch mal in Ruhe zu durchdenken. Du kannst uns jederzeit ansprechen und uns alles sagen, was du auf dem Herzen hast. Das geht ganz einfach im persönlichen Gespräch, Simon, dafür brauchst du nicht gleich wieder auf eine Demo gehen."

Boukari sah mich ernst an. „Es ist nicht schlimm, wenn man im Leben einen Fehler macht, Simon. Das passiert uns allen. Du kennst das ja gut vom Sport. Schlimm ist es nur, wenn man den Fehler hinterher nicht zugeben kann."

Die Weber stand auf und lächelte. „Danke, Simon, dass du extra hergekommen bist."

„Mach's gut", sagte Boukari. „Und vergiss nicht: Ich glaube an dich. Daran hat sich nichts geändert." Er streckte mir die Hand hin, aber ich schüttelte den Kopf.

Ich wollte nur noch weg, raus aus diesem stickigen Büro. An der Tür drehte ich mich aber doch noch mal um. „Das Gute ist: Früher oder später kommt die Wahrheit ans Licht. Immer!"

9

Jetzt brauchte ich Hilfe. Sofort. Sobald ich wieder draußen an der frischen Luft war, schrieb ich eine Nachricht an Rea und Ömer: SOS! Muss euch sehen. Fahre zu dir, Ömer.

Mein Kopf war völlig leer. Hinterher wusste ich nicht mehr, welche Straßen ich gefahren und wie viel Zeit vergangen war. Plötzlich stand ich vor dem Reihenhaus, in dem Ömer wohnte. Ich schloss das E-Bike an einen Laternenmast, neben ein Fahrrad, das ich kannte. Rea.

Aber was wollte ich hier? Hätte ich nicht lieber zu Jan fahren sollen?

Ömer machte auf, hinter ihm im Flur sah ich Rea. „Was ist los?", fragte sie besorgt. „Du hast SOS geschrieben? Da bin ich natürlich sofort los."

„Komm erst mal rein." Ömer klopfte mir auf die Schulter. „Meine Eltern sind nicht da. Wir haben die Terrasse für uns."

Ömer holte uns Eistee und Kekse, aber ich konnte nichts trinken und essen.

„Die behaupten, dass ich die Box mit dem Spendengeld geklaut habe!", brachte ich mühsam heraus.

„Was?" Rea kippte vor Schreck ihr volles Glas um. Eistee rann über die Tischdecke, aber keiner von uns reagierte.

„Wer behauptet das?", wollte Ömer wissen.

„Der Boukari", antwortete ich. „Und die Weber ist voll auf seiner Seite. Die beiden stecken unter einer Decke. Die haben sich gegen mich verschworen."

Rea schluckte. „Langsam, Simon. Was genau ist passiert?"

Also erzählte ich die ganze Katastrophe von Anfang an und wurde immer wütender dabei. „Der Boukari hat mich angerufen. Ob ich vorbeikommen kann, wenn ich wieder gesund bin. Er muss mit mir reden. Ich war so blöd und bin gleich hingefahren. Dann hat er mich voll überrumpelt mit der Sache. Plötzlich stand ich wie ein Dieb da. Wisst ihr, was ich glaube? Er hat nicht aufgepasst. Das Geld war auf einmal verschwunden. Und dann hat er sich einen Schuldigen gesucht, den größten Versager an der Schule: mich! Oder er hat das Geld selber geklaut, hat es einfach unterschlagen, und jetzt schiebt er mir die Schuld in die Schuhe. Genau, so muss es gewesen sein! Dem Boukari traue ich inzwischen alles zu."

Eistee tropfte auf die Terrasse und bildete einen kleinen braunen See. Ömer sah mich zweifelnd an. „Meinst du wirklich? Das klingt wie in der Serie, die wir uns neulich angeschaut haben. Politiker, die sich bestechen lassen. Überall Mafia, Kartelle, Betrug und Verschwörung."

„Ich hab auch immer gedacht, so was gibt es nur in Serien, aber Jan hat mir die Augen geöffnet. Ihr könnt euch nicht vorstellen, was zurzeit alles an unserer Schule abgeht! Mit der Schimmel-Lüge hat es angefangen und jetzt wollen die uns vielleicht sogar überwachen ..."

„Stopp!", unterbrach mich Rea. „Lassen wir die Verschwörung mal weg. Dass sie dich verdächtigen, finde ich schrecklich. Du bist doch kein Dieb."

„Ja, genau!", rief Ömer. „Wie kommen die überhaupt auf so einen Blödsinn? Die haben doch überhaupt keinen Grund und auch keine Zeugen dafür."

Zeugen! Die brauchte *ich*, oder? Vielleicht konnten Rea und Ömer mir ja helfen? „Sagt mal, bei der Spendenfeier, da habt ihr euch doch Getränke geholt. Als ihr zurückgekommen seid, habt ihr mich da noch mal gesehen?"

Rea schüttelte den Kopf. „Nein, leider nicht. Wir hatten dir nämlich eine Cola mitgebracht, die mussten wir uns dann teilen."

Ömer nickte. „Du warst auf einmal spurlos verschwunden. Was ist denn passiert?"

Ich erzählte ihnen von dem Mädchen, obwohl ich mich kaum an sie erinnern konnte. Eine Schwachstelle in meiner Version der Geschichte, das hatte die Rektorin leider sofort erkannt.

Das sahen Ömer und Rea anders.

„Wir helfen dir", bot Rea an. „Wir gehen zu dritt zur Weber und sprechen noch mal mit ihr."

Ömer ballte die Fäuste. „Wir lassen dich nicht im Stich!"

Plötzlich bekam ich wieder Halsweh und üble Kopfschmerzen. Müde winkte ich ab. „Das bringt überhaupt nichts! Ihr habt nix gesehen und könnt rein gar nichts bezeugen. Die Weber und der Boukari glauben, dass ich das Mädchen erfunden habe. Wenn ihr jetzt ankommt, denken sie, wir haben uns die Geschichte zu dritt ausgedacht. Das ist ja das Gemeine. Jan sagt immer: Die sind die Verschwörer und drehen die ganze Zeit den Spieß um!"

Ich schloss kurz die Augen und dachte: Jan hat so recht! Erst jetzt, in dieser Sekunde, wurde mir das so richtig klar. Alle Zweifel, die ich bisher an den Theorien meiner neuen Freunde gehabt hatte, lösten sich plötzlich auf. Es war, als ob sich viele kleine Puzzleteile zu einem großen Bild zusammenfügten. Ein Bild, das endlich Sinn ergab: Wir Schülerinnen und Schüler sollten systematisch ausgeschaltet werden. Erst die Randgruppen – also die Siebten und Achten – und danach die ganze Schule.

Ich machte die Augen wieder auf. An den Gesichtern von Rea und Ömer merkte ich, dass sie mir nicht mehr folgen konnten. Ich mochte meine Freunde, aber sie waren beide einfach viel zu nett und gutgläubig.

Wir redeten weiter, und Rea und Ömer taten alles, um mich aufzubauen. Danach ging es mir ein bisschen besser, aber ich wusste, dass dieses Gefühl nicht lange anhalten würde.

Irgendwann stand ich auf. „Danke, dass ihr mir zugehört habt. Das hat gutgetan."

„Warte doch mal, Simon!", versuchte Ömer mich aufzuhalten. „Lass uns zu dritt nach dem Mädchen suchen. Wir werden sie finden, und dann können wir der Weber und dem Boukari beweisen, dass du unschuldig bist."

Ich tippte mir mit dem Zeigefinger an die Stirn. „Vergiss es! Ich werde kein einziges Wort mehr mit diesen Betrügern reden."

„Aber was willst du denn jetzt machen?", fragte Rea, sprang auf und tappte mit ihren Sneakers in die klebrige Eistee-Pfütze.

Auf einmal wurde ich innerlich ganz ruhig. „Das werdet ihr bald sehen. *Alle* werden es sehen."
Noch am selben Abend legte ich mir ein neues Profil zu. In einem Video erzählte ich, was Sache war, und ging damit sofort on.

Hallo Leute,
ich muss euch was Wichtiges sagen: An unserer Mittelschule läuft schon länger Einiges in die völlig falsche Richtung. Ihr erinnert euch: die Schimmel-Lüge. So fing es an. Auf unserer Demo haben wir dagegen protestiert, aber es haben uns zu wenige gehört und gesehen.
Jetzt geht es um den Spendenlauf. Da haben sie noch eins draufgesetzt, die sogenannten Lehrer*innen, Politiker*innen und die Medien. Alle stecken unter einer Decke. Die bereichern sich an uns. Die haben sich das Spendengeld gekrallt! Damit der Verdacht nicht auf sie fällt, wollen sie jetzt uns Schülerinnen und Schülern die Schuld in die Schuhe schieben. Wir müssen sie aufhalten, bevor es zu spät ist!
Gemeinsam sind wir stark. Lasst uns zusammen aufdecken, wer hier im Hintergrund die Fäden zieht. Meldet euch bei mir, wenn euch beim Spendenlauf irgendwas Verdächtiges aufgefallen ist. Jeder kleine Hinweis kann wichtig sein. Danke!
Morgen mehr, Leute. Bleibt dran.

10

Donnerstag. Zehn Uhr morgens im Kaufhaus. Alle anderen quälten sich jetzt in der Schule, im schönen Gewerbepark oder zu Hause im Homeschooling. Jan, Amelie, Tarik und ich probierten lieber Sonnenbrillen.

Amelie setzte sich ein Teil mit rosa verspiegelten Gläsern auf und rief plötzlich: „Stopp! Diese Versammlung ist nicht angemeldet. Ihr dürft nicht einfach so im Kaufhaus herumlaufen."

Jan nahm erschrocken seine Brille ab. „Ach was! Das wussten wir nicht, Frau Kommissarin."

„Tut uns echt leid", sagte Tarik zerknirscht.

„Verhaften Sie uns jetzt? Müssen wir ins Gefängnis?"

Ich lachte, bis mir die Tränen kamen.

„Alles klar, junger Mann!", sagte Amelie zu mir. „Sie bekommen zuerst Handschellen, und dann führe ich Sie alle ab."

Eine Verkäuferin, die uns von der Kasse aus beobachtete, schüttelte den Kopf und verdrehte die

Augen. Ansonsten interessierte sich niemand für uns. Es war sowieso kaum was los um diese Zeit. Wir fuhren die Rolltreppen rauf und runter und landeten schließlich oben im Bistro mit Selbstbedienung. Hier war nur eine japanische Reisegruppe, darum konnten wir uns ungestört unterhalten.

Jan spendierte eine Runde Burger mit Pommes. Ich hatte endlich wieder Hunger, die Kopfschmerzen waren weg, nur das Schlucken tat noch weh. Meine Mum hatte mich für heute noch mal krankgemeldet. Jan, Amelie und Tarik machten einfach blau.

„Cooles Video, Simon", sagte Jan zu mir. „Toll, dass du dir nichts mehr vormachen lässt. Wir haben dich ja von Anfang an gewarnt: Der Boukari will sich bereichern. Und übrigens: Willkommen im Club!"

Ich sah ihn fragend an. „Welcher Club?"

„Im Boukari-hat-es-auf-dich-abgesehen-Club! Unser lieber Sportlehrer hat mich schon seit einem Jahr auf dem Kieker", erzählte Jan. „Hat mich ständig schikaniert und so. Jetzt hat er wohl ein neues Opfer gefunden. Dich! Kannst du stolz drauf sein."

Tarik wischte sich Ketchup von den Fingern.

„Kommen wir mal wieder zur Sache, Leute. Hier

geht es nicht nur um Simon, hier geht es um die Verschwörung gegen uns *alle*. Ich hab was Interessantes herausgefunden: Die Journalistin, die den Schimmel-Artikel geschrieben hat, ist dieselbe, die nach dem Spendenlauf Boukari interviewt hat!" Amelie zerknüllte ihre Papierserviette. „Das überrascht mich gar nicht. Wetten, die beiden sitzen gerade irgendwo zusammen und zählen die Geldscheine?"

„Okay", sagte Jan ganz ruhig. „Jetzt ist Schluss mit lustig. Demos und Videos sind zu wenig. Wir müssen aufs nächste Level gehen. Aktionen machen, die wirklich wehtun. Wer ist dafür?" Die Hände von Amelie und Tarik schossen in die Höhe.

Ich zögerte. „Was meinst du damit? Was für Aktionen?"

Jan klang ungeduldig: „Na, es wird Zeit, dass wir uns die Hauptverschwörer vornehmen. Boukari kommt als Erstes dran, ganz klar. Irgendwelche Vorschläge?"

Tarik: „Ihm eine verschimmelte Pizza liefern lassen."

Amelie: „Ihm Drohbriefe schicken."

Jan: „Seine Autoreifen zerstechen."

Ich starrte meine Freunde erschrocken an. Meinten die das ernst?

Jan boxte mich in die Seite. „Hast du keine Idee?

Denk mal nach! Wir müssen dem Boukari eine Lektion erteilen. Das siehst du doch auch so, oder?" Der Hass in Jans Augen machte mir Angst.

Je länger die anderen auf eine Idee von mir warteten, umso nervöser wurde ich. Mir fiel absolut nichts ein. Und ich war geschockt. Die Demo, die Videos und das Spruchband am Gerüst, das war noch okay gewesen. Aber jetzt hatte ich das Gefühl, das Ganze lief komplett aus dem Ruder.

„Also, ich weiß nicht ...", fing ich an. „Ich glaube, das geht mir zu weit. Macht ihr mal, aber ich bleibe lieber bei den Videos. Wollte sowieso heute ein neues posten."

Stille im Bistro, dann leises Klappern von Tellern. Die japanische Reisegruppe stellte ihre Tabletts zusammen.

Plötzlich packte Jan meine Schulter. „Ich glaube, du hast es immer noch nicht kapiert: Wir vier sind *ein* Brain, wir machen alles zusammen. Nur so funktioniert das Ganze. Nur so haben wir eine Chance, die da oben zu stoppen!"

Sofort bekam ich ein schlechtes Gewissen. Jan hatte recht! Ich durfte ihn und die Clique jetzt nicht im Stich lassen. Wir waren kurz davor, diese Riesenverschwörung aufzudecken. Und auf einmal sah ich wieder Boukari vor mir, wie er mich im Büro der Rektorin vorgeführt hatte.

„Okay", sagte ich. „Das mit dem Auto ist gut.
Boukari liebt seinen Opel Corsa. Er bringt ihn jede
Woche in die Waschanlage. Die ist bei mir in der
Nähe, ich hab ihn schon öfter dort gesehen. Aber
wir sollten nicht die Autoreifen zerstechen. Ich hab
eine bessere Idee!"

Mitternacht, und ich war mal wieder draußen
unterwegs, aber diesmal hatte ich Jacke und Mütze
dabei. Und ich war allein. Noch. Der Mond
leuchtete mit den Sternen um die Wette. Ich konnte
meinen Atem als kleine Wolke sehen, so kalt war
die Nacht von Samstag auf Sonntag.
Mein Rucksack drückte auf den Schultern. Kein
Wunder, ich hatte ihn von unten bis oben
vollgepackt. Aber am meisten wunderte ich mich,
dass ich gar keine Angst hatte. Wozu auch? Was ich
gleich tun würde, war nicht verboten.
Ich lief durch die menschenleeren Straßen, am
Herzogpark vorbei und ins Wohngebiet dahinter.
In einer Allee mit alten Bäumen reihte sich eine
Villa an die nächste. Da würde Boukari bestimmt
gerne wohnen. Alles nur eine Frage der Zeit, dachte
er sich bestimmt.
Die Straßen wurden schmäler, die Häuser und
Vorgärten kleiner. Ich konnte mich noch gut an den
Weg erinnern. Letzten Sommer hatte Boukari

unsere Klasse zu sich nach Hause eingeladen. Nach einem Imbiss sind wir damals ins Museum gegangen.

Plötzlich kamen mir drei dunkle Gestalten entgegen, die Kapuzen tief ins Gesicht gezogen. Breitbeinig bauten sie sich vor mir auf und versperrten den Weg. Wenn das jetzt jemand aus einem der Häuser beobachtete, sah es bestimmt so aus, als würde ich gleich überfallen.

Die dunklen Gestalten und ich, wir starrten uns schweigend an. Dann klopften wir uns auf die Schultern und nickten uns zu. Ich ging voraus. Die anderen folgten mir. Zwei Ecken weiter bog ich in eine Seitenstraße ein und blieb bei einem Kinderspielplatz stehen. Ich zeigte zu einem Doppelhaus und dem Gehsteig davor. Hier war alles so eng, dass es nicht mal Garagen für die Anwohner gab. Wir waren am Ziel.

Ich nutzte das Spielhaus als Deckung und packte meine Schätze aus: vier Klorollen, eine Spraydose mit Rasierschaum und einen quietschgrünen Becher, den ich Amelie zuwarf. „Spielknete! Voll vegan und für Kinder ab drei Jahren geeignet."

Amelie kicherte. „Alles klar. Ich dachte schon, das grüne Zeug ist Schimmel."

Jan warf einen Blick auf seine Armbanduhr. „Zehn Minuten, Leute. Beeilt euch."

Tarik verteilte schwarze Strumpfmasken. Jeder nahm sich, was er brauchte. Dann machten wir uns an die Arbeit.

Bald sah Boukaris silbergrauer Wagen wie ein Weihnachtspaket aus: schön verpackt mit Klopapier, die Scheinwerfer und Spiegel mit Rasierschaum dekoriert. Das Beste war die Windschutzscheibe mit einer Geschenkschleife aus grüner, schleimiger Spielknete.

Ich trat einen Schritt zurück und begutachtete unser Werk. „Gefällt mir", stellte ich fest. „Bloß schade, dass wir Boukaris Gesicht morgen früh nicht sehen können."

„Lasst uns abhauen", drängte Tarik, der langsam nervös wurde.

„Gleich", sagte Jan. „Da fehlt noch was." Plötzlich blitzte Metall in seiner Hand. Jan ritzte mit seinem Taschenmesser in den Lack. Dabei sah er mich die ganze Zeit an.

Ich wollte losbrüllen, wollte ihn packen. Das hatten wir so nicht abgesprochen. Wir waren uns einig gewesen, dass wir nichts kaputt machen würden. Amelie grinste nur, Tarik streckte den Daumen hoch. Jan hielt das Messer immer noch in der Hand. Ich riss mir die Strumpfmaske vom Gesicht, stopfte sie in meinen Rucksack und rannte los, so schnell ich konnte. Weg, bloß weg hier!

Mein zweiter und definitiv letzter!!! Eintrag in dieses Tagebuch

Sonntag, 04:32 Uhr
Ich weiß nicht, was ich machen soll! Ich kann mit niemandem reden. Trau mich nicht, Rea und Ömer anzurufen. Trau mich nicht mehr, meinen Eltern in die Augen zu sehen. Es ist zu viel passiert. Die Aktion mit Boukaris Auto – und jetzt diese neue Sache. Das Video, das Jan mir gerade geschickt hat. Schreibt er nur, um mich auf dem Laufenden zu halten? Oder will er mir damit drohen?
Jan ist letzte Nacht zu weit gegangen. Und ich bin auch zu weit gegangen. Was war ich für ein Vollidiot! Ich hatte mir alles so schön zurechtgelegt: Das Spiel würde nach meinen Regeln laufen. Ich würde alles unter Kontrolle behalten. Keine verbotenen Sachen, keine Sachbeschädigung. Falsch gedacht!
Jan hat mich reingelegt! Ich hätte es wissen müssen, so gut kenne ich ihn doch inzwischen. Haben Amelie und Tarik gewusst, was er vorhatte? Die stehen ja voll hinter ihm. Ich bin der einzige Schisser in dem Club. Und ich hänge jetzt voll mit drin.
Noch stand keiner bei mir auf der Matte deswegen,

aber das kann ja noch kommen. Bestimmt gibt
Boukari bei der Polizei eine Anzeige auf. Und
natürlich wird er mich als Anstifter in Verdacht
haben, wegen der Sache mit dem Spendengeld. Wird
die Weber bei meinen Eltern aufkreuzen? Bekomme
ich einen Verweis? Oder werfen die mich von der
Schule? Es hat sich immer noch kein Zeuge bei mir
gemeldet, dem beim Spendenlauf was Verdächtiges
aufgefallen ist.
Ich will aussteigen aus der Sache, aber wie soll das
gehen? Ich kann nicht mehr zurück. Dafür ist es zu
spät. Vor allem nach dieser neuen Geschichte:
Jan hat sein Video zwei Stunden nach der
Auto-Aktion mit mir geteilt. Es zeigt eine weiße
Haustür. Tarik kommt von der Seite ins Bild. Er
trägt die Strumpfmaske, aber ich erkenne ihn
natürlich. Er hält zwei Eimer in der Hand. Jetzt
Zoom auf den Namen am Klingelschild: Anna
Schmid. *Hier wohnt die Journalistin!*
Tarik holt weit aus und kippt den ersten Eimer.
Schwarze Farbe spritzt auf die Haustür. Jan und
Amelie verschmieren das Zeug mit Pinseln. Tarik
kippt den zweiten Eimer. Ein Schwall grüner Farbe
ergießt sich über das Schwarz. Amelie schreibt mit
den Fingern das Wort „Schimmel" und hält ihre
grünen Hände in die Kamera.

11

„Guten Morgen zusammen!" Frau Paulsen winkte
fröhlich in die Kamera. „Schön, euch zu sehen.
Simon, du bist wieder gesund. Das freut mich."
Was sollte das jetzt? Warum war sie auf einmal so
freundlich zu mir? Hatte sie vielleicht gecheckt, wer
hinter der Schimmel-Verschwörung steckt?
Die Paulsen teilte den Bildschirm mit uns. „Bevor
wir heute mit dem Unterricht beginnen, zeige ich
euch noch ein Video unserer Rektorin. Das ist sehr
wichtig. Ihr Aufruf richtet sich an alle Klassen. Im
Gewerbepark gibt es auch schon einen
entsprechenden Aushang am Schwarzen Brett."
Sie startete das Video, und ich wusste sofort: Ich
hatte mich zu früh gefreut.

Liebe Schülerinnen und Schüler,
ich begrüße es grundsätzlich sehr, wenn ihr euch eine
eigene Meinung bildet, wenn ihr Sachverhalte und
Ereignisse kritisch hinterfragt. Es ist euer gutes Recht,
euch über die Renovierungsarbeiten in den sozialen

*Medien auszutauschen. Vorab noch einmal: Diese
Arbeiten sind zwingend notwendig zum Schutz eurer
Gesundheit.*

*Es gibt jedoch ganz klare Grenzen in unserer
Demokratie und an unserer Schule. Protestaktionen
mit Sachbeschädigung verstoßen gegen das Gesetz
und wir werden dagegen vorgehen.*

Zwei Straftaten wurden am Wochenende verübt.

1. Das Auto unseres Sportlehrers wurde beschädigt.

2. Die Haustür einer Journalistin wurde beschmiert.

*Wir haben den dringenden Verdacht, dass beide
Aktionen von Schüler*innen unserer Mittelschule
durchgeführt wurden. Die Verantwortlichen werden
aufgefordert, sich umgehend bei der Schulleitung zu
melden. Falls das in den nächsten drei Tagen nicht
geschieht, sind wir gezwungen, die Polizei
einzuschalten.*

Polizei einschalten! Straftaten! Die Wörter
schockten mich, und gleichzeitig war ich
unglaublich erleichtert. Es hätte schlimmer
kommen können. Die hätten mich als einzigen
Schuldigen abstempeln und von der Schule
schmeißen können. Aber anscheinend war denen
klar, dass da mehrere Leute dahintersteckten. Und
sie hatten keine Ahnung, welche Gruppe. Die
tappten noch völlig im Dunkeln!

Mein Handy blinkte zweimal kurz hintereinander auf.

Ömer schrieb:

Hat dich das Video von der Weber auch so geschockt? Wer macht denn so was Gemeines? Hoffe, dir geht's besser? Hast dich gar nicht gemeldet am Wochenende. Lass mal wieder von dir hören!

Ich beschloss, Ömer später zu antworten, und las zuerst die zweite Nachricht. Sie war von Jan.

Die können uns nichts tun. Die haben keine Beweise! Aber es wird Zeit, dass wir die ganze Wahrheit erfahren. Wir müssen endlich rausfinden, was hinter der Schimmel-Lüge steckt. Treffpunkt mit den Rädern heute 18 Uhr vor der Turnhalle. Neue Aktion. Wir zählen auf dich! Und diesmal solltest du bis zum Schluss bleiben. Glaub mir, es lohnt sich.

Zehn Stunden hatte ich Zeit, um mir das Schlimmste auszumalen. Wollte Jan in die Turnhalle einbrechen? Wollte er mit verschimmeltem Brot Bomben basteln? Ich traute ihm so ziemlich alles zu.

Aber ich war vorbereitet. Falls die Aktion zu heftig werden sollte, hatte ich einen Plan, um sie abzubrechen. Jan, Amelie und Tarik würden ziemlich schnell abhauen, wenn sie ein ganz bestimmtes Geräusch hörten. In meiner Jeansjacke war ein Mini-Lautsprecher. Den verband ich jetzt mit meinem Handy. Dann stieg ich aufs Rad und fuhr los.

Die Sonne stand schon tief, als ich bei der Schule ankam. Wie ein Scheinwerfer zielte sie zwischen dem Nebengebäude und der Turnhalle genau auf mich. Ich kniff die Augen zusammen und blieb stehen, die eine Hand am Lenker, die andere in der Hosentasche.

Montag, Feierabend, und trotzdem waren kaum Autos unterwegs. Den Parkplatz hatten sie auch abgesperrt. Unsere Schule war immer noch Katastrophengebiet. Trotzdem sah ich mich nervös um. Nicht dass jetzt irgendwo die Weber oder sonst wer aus der Schule auftauchte. Zum Glück ließ sich niemand blicken.

Schon zehn nach sechs! Wo steckten Jan, Tarik und Amelie? Hatten sie das Ganze abgeblasen? Wie lange sollte ich noch warten?

In der Kastanie neben dem Parkplatz zwitscherten zwei Spatzen. Plötzlich fiel mir auf, dass die Bäume schon grün waren und der Rasen voll mit Löwenzahnblumen. Der Frühling war bisher komplett an mir vorbeigegangen.

Da hörte ich eine Fahrradklingel. Dann bogen sie zu dritt um die Ecke: Jan voraus auf seinem E-Bike, dicht gefolgt von Tarik und Amelie.

„Hi Simon", begrüßte mich Jan. „Auch schon so gespannt wie wir?"

„Kann's kaum erwarten", antwortete ich und sah ihm dabei direkt in die Augen. „Was habt ihr vor?"

Amelie boxte mich in die Seite. „Entspann dich! Die Aktion ist ganz harmlos."

Jan fuhr am Nebengebäude vorbei und bremste beim großen Ahornbaum hinter der Turnhalle. Auch Tarik sah sich nach allen Seiten um. „Die Luft ist rein. Aber wir können die Räder hier nicht stehen lassen."

„Machen wir auch nicht." Amelie grinste. „Wir nehmen sie mit rein in die Halle."

Ich schluckte. „Jetzt sagt endlich: Was habt ihr geplant?"

„Du fragst zu viel", sagte Jan, während er mit seinem E-Bike im Kreis fuhr und sich dicht hinter mich stellte.

Auf einmal ging alles ganz schnell. Tarik schob zwei Schrankenzäune auseinander, dann radelte Amelie durch die Lücke zum Hintereingang der Turnhalle. In Jans Hand klimperten Schlüssel. Er überholte mich mit seinem Bike, stieg ab, und plötzlich war die Tür auf.

Amelie winkte uns zu. „Beeilt euch!", und Tarik zischte hinter mir in mein Ohr: „Los, Simon!"

Es gab nur einen Weg für mich: nach vorne. Amelie hielt uns die Tür auf. Dann waren wir drin in der Halle. Die Tür fiel ins Schloss.

Es roch nicht gut hier drin, und es sah anders aus als sonst. Wir standen vor einem Berg blauer Turnmatten, die jemand unter den Ringen aufgestapelt hatte. Daneben ein Werkzeugkasten und irgendwelche technischen Geräte auf Rollen.

Ich lehnte mein Rad gegen die Wand. „Sagt mir jetzt endlich, was ihr vorhabt! Und woher habt ihr überhaupt den Schlüssel zur Turnhalle?"

Jan stellte in aller Ruhe sein E-Bike ab. „Ich hab dir doch von dem Mädchen erzählt. Ihre Mutter ist Lehrerin an unserer Schule." Er grinste. „Zurück zu dir: Wir brauchen dich bei dieser Aktion."

Amelie lächelte. „Aber wir waren uns nicht ganz sicher, ob du wirklich mitgemacht hättest."

Tarik kratzte sich am Kinn. „Deshalb die kleine Überraschung."

Ich starrte von einem zum andern und bekam Panik. Je länger die drei mich auflaufen ließen, umso schlimmer wurde es für mich.

„Es geht los!", verkündete Amelie gut gelaunt und holte ihr Handy aus der Jackentasche.

Jan und Tarik fingen schon zu grinsen an, als sie

eine eingespeicherte Nummer wählte. Amelie stellte auf laut, damit wir mithören konnten.

„Boukari. Hallo?"

Mir lief es kalt den Rücken runter. Was kam jetzt? Wollte Amelie Boukari erpressen?

Plötzlich klang Amelies Stimme völlig anders.

„Hallo Herr Boukari", machte sie Frau Weber nach. Wieder so täuschend echt wie damals zu Hause bei Jan. „Hier Weber, ich rufe vom Handy meines Mannes aus an. Ich hätte eine Bitte an Sie", redete Amelie fröhlich weiter. „Könnten Sie rasch ein paar Yogamatten aus der Turnhalle holen und zum Gewerbepark bringen? Damit wir hier wenigstens ein bisschen Sport machen können. Neben den Tischen in den Klassenräumen lassen sich die Matten gut ausrollen. Dann können wir morgen früh mit einem Sonnengruß in den Tag starten."

„Äh ... was? Ja, gute Idee, Frau Weber." Boukari wirkte sichtlich überrumpelt.

„Wunderbar!", sagte Amelie herzlich. „Und bitte holen Sie die Matten jetzt gleich. Dann ist das erledigt. Tausend Dank!" Amelie legte sofort auf und schwenkte ihr Handy wie einen Pokal.

Tarik lachte, und Jan rief: „Leute, habt ihr das gehört?" Dann zwinkerte er mir verschwörerisch zu. „Ich freu mich jetzt schon auf Boukaris Gesicht, wenn der hier reinschneit."

12

Mein Gehirn war nicht so schnell. Es brauchte ein paar Sekunden, bis es verarbeitet hatte, was hier gerade abging. Nach dem ersten Schock war ich so was von erleichtert. *Es ist gar nichts Schlimmes passiert! Die Aktion war bis jetzt ganz harmlos. Boukari ist auf Amelies Show reingefallen.* Er würde zu uns in die Turnhalle kommen, um die Yogamatten zu holen. So weit, so gut. Und was dann?

Jan schien meine Gedanken lesen zu können.

„Boukari wird uns endlich die Wahrheit erzählen: was hinter der Schimmel-Lüge steckt."

„Freiwillig? Das glaubst du doch selbst nicht!", warnte ich.

„Das werden wir dann ja sehen." Jan blieb ganz cool. „Erkennen wird er uns schon mal nicht, so viel steht fest."

Auf einen Wink von Jan zog Tarik die schwarzen Strumpfmasken aus seiner Tasche. Das erinnerte mich sofort wieder an die Autoaktion, an Jans

Taschenmesser. Ich wollte dieses Strumpf-Ding nicht noch mal drüberziehen!

Amelie legte mir die Hand auf die Schulter. „Wir sollten besser anonym bleiben, oder? Sonst zeigt uns Boukari sofort bei der Weber an."

Daran hatte ich noch gar nicht gedacht. Und auch nicht daran, wie schnell die Zeit verging. Boukari konnte jeden Moment zur Tür hereinspazieren. Es war zu spät für mich, um abzuhauen.

Jan erklärte uns jetzt, wie wir vorgehen würden. Er schärfte uns ein, dass wir nicht lockerlassen dürften, bis Boukari uns alles gestanden hatte. „Und vergesst nicht, eure Stimme zu verstellen. Wir tun so, als ob wir heiser sind, oder flüstern."

Danach versteckten wir uns hinter den aufgestapelten blauen Turnmatten und warteten. Die Luft in der Halle war kühl und feucht. Meine Hände zitterten, mein Puls raste. Ich stand voll unter Strom und mir war schlecht. Ein Teil von mir wollte weit, weit weg sein, und ein anderer Teil wollte endlich wissen, was die Schule mit uns vorhatte. Warum sie uns abgeschoben hatten und uns fertigmachen wollten.

Plötzlich ein Geräusch: Schritte! Ich hielt den Atem an, als langsam die Tür aufging.

Boukari hatte eine große Tragetasche dabei.

„Schnapsidee!", murmelte er vor sich hin. „Ich hasse

Yoga." Genervt öffnete er das Garagentor, hinter dem sich der Geräteraum befand, und suchte dort die Yogamatten.

Jan flüsterte: „Los!"

Wir stürmten aus unserem Versteck, rannten rüber zum Geräteraum. Boukari drehte sich zu uns um und ließ vor Schreck seine Tasche fallen. So schnell wir konnten, zogen wir das Garagentor nach unten.

„Hey, was soll das?", hörten wir Boukari rufen. „Macht sofort das Tor auf!"

Gemeinsam stemmten wir uns mit voller Kraft dagegen.

„Wir lassen Sie gleich raus", versprach Tarik und versuchte, seine Stimme dabei so heiser wie möglich klingen zu lassen. „Aber vorher müssen Sie uns ein paar Fragen beantworten. Warum habt ihr euch diese Schimmel-Lüge ausgedacht? Was läuft hier für eine Verschwörung gegen uns ab? Und wo haben Sie das Spendengeld versteckt? Wir sind echt neugierig."

Auf der anderen Seite wurde es still.

Dann sagte Boukari: „Es gibt keine Verschwörung. Da habt ihr euch in was verrannt, glaubt mir. Und es gibt wirklich Schimmel an unserer Schule! Schaut euch doch um in der Turnhalle. Seht ihr die roten Kreuze an der Wand? Da müssen Mauerteile raus. Die sind ganz verschi..."

„Stopp!", unterbrach Amelie ihn und zischte: „Sie lügen schon wieder."

Boukari beteuerte: „Ich lüge nicht!" Dann fragte er plötzlich: „Ihr wart das mit meinem Auto, oder?"

Jan ging nicht darauf ein. „Noch mal", krächzte er. „Wo haben Sie das Spendengeld? Und damit eins klar ist: Simon ist kein Dieb!"

„Das Geld ist verschwunden!", behauptete Boukari. „Ich weiß nicht, wo es ist. Weil ich Simon die Spendenbox gegeben hatte und er plötzlich weg war und die Box auch, da dachte ich ..."

Wütend brüllte ich: „Da haben Sie falsch gedacht!"

Wieder wurde es still auf der anderen Seite.

„Simon, bist du das?", fragte Boukari leise. Seine Stimme klang unsicher. Ich spürte, dass er Angst hatte.

Plötzlich wurde mir richtig übel. Ich hatte mich selbst verraten. Jetzt war alles aus. „Ich ... muss ...", würgte ich und rannte zur Tür.

Raus aus der Turnhalle, auf den Ahornbaum zu. Ich klammerte mich an den Baumstamm und übergab mich. Weil ich kaum was gegessen hatte heute, kam nicht viel raus, und es tat richtig weh. Aber viel schlimmer war, dass ich schon wieder versagt hatte. Ich hätte nichts sagen, mich nicht verraten dürfen. Ich hätte nicht mitmachen dürfen bei dieser Aktion.

Boukari einsperren, ihn unter Druck setzen, das ging gar nicht. Und dass ich dann auch noch ausgerastet war. Ich hatte ihm Angst gemacht.

Mein Kopf sagte: „Du musst da wieder rein und Boukari rausholen."

Mein Bauch sagte: „Hau ab!"

Und dann fingen meine Beine an zu laufen. Schneller als ich bis drei zählen konnte. Ich rannte durch die Lücke in den Schrankenzäunen, raste um die Ecke, am Nebengebäude vorbei. Weiter, weiter! Aber dann erlebte ich einen Schock. Zehn Meter entfernt, vor dem Eingang zu unserer Schule, war die Weber. Unsere Rektorin zeigte aufs Schultor. Sie redete mit zwei Männern in schwarzen Anzügen und Helmen auf den Köpfen. Hatten die mich gesehen? Noch nicht! Schnell versteckte ich mich hinter einem Glascontainer.

Ich hörte Schritte. Jetzt kamen die drei auch noch auf mich zu! Mein Herz hämmerte gegen die Brust.

„Kein Wunder, dass sich viele Eltern bei uns beschwert haben!", sagte die Rektorin. „Die konnten natürlich nicht verstehen, warum wir die Schulschließung erst so spät bekannt gegeben haben. Und warum es jetzt auf einmal doch länger dauert, bis wir wieder aufmachen können."

Der ältere der Männer antwortete: „Da haben Sie wirklich Pech gehabt mit der anderen Firma."

Frau Weber seufzte. „Wem sagen Sie das! Dabei ist alles so gut gelaufen mit denen bei der Sanierung vor drei Jahren. Deshalb hatten wir sie auch dieses Mal wieder beauftragt. Zwei Wochen vor den Osterferien hieß es, dass sie den gesamten Schimmel ohne große Probleme beseitigen konnten. Dabei hatten die gar nicht die echte Ursache gefunden! Der Schimmel kam dann ja auch prompt zurück – leider an noch mehr Stellen als zuvor."

Der jüngere Mann tippte auf seine Aktentasche. „Zum Glück haben wir ja jetzt die Ursache entdeckt: zu hoher Grundwasserstand und keine Horizontalsperren in den Gebäuden. Da ist die Feuchtigkeit immer wieder in den Mauern aufgestiegen."

Die Rektorin lehnte sich gegen das Tor der Schule. „Wie sieht es denn mit den Langzeitaufzeichnungen aus? Haben Sie schon Ergebnisse von den Datenloggern, die in den Innenräumen die Feuchtigkeit messen?"

Der ältere Mann nickte. „Ja, die sind inzwischen komplett. Die letzten Testdaten von der Pausenhalle wurden gestern ausgewertet. Nun können wir mit der Sanierung durchstarten."

Die Weber lächelte. „Das sind endlich gute Nachrichten! Sie können sich gar nicht vorstellen, wie viele Probleme ich gerade am Hals habe! Jetzt drehen auch noch ein paar Schülerinnen und Schüler durch. Die glauben an eine Riesenverschwörung."

Zwei Autos fuhren vorbei. Dann überquerte die Rektorin mit großen Schritten die Straße. „Ich habe noch einige Fragen an Sie. Vor allem brauchen wir einen neuen Zeitplan. Lassen Sie uns das bei einem Meeting besprechen."

Die drei machten sich auf den Weg in Richtung Altstadt. Die Sonne war längst weg, Wind kam auf, und mir wurde schon wieder übel. Stimmte das alles, was ich gerade gehört hatte? Oder waren es wieder nur Lügen? Gab es vielleicht doch keine Verschwörung, keinen großen bösen Plan? Ich wusste auf einmal gar nichts mehr. Mein Kopf dröhnte. Es war alles zu viel.

Dann musste ich wieder an Boukari denken und an Jans Satz: „Wir dürfen nicht lockerlassen, bis er uns alles gestanden hat." Wahrscheinlich war Boukari immer noch im Geräteraum. Hatte vielleicht immer noch Angst.

Ja, ich war ein Versager, und ich hatte einen Riesenfehler gemacht. Aber ich wollte kein Feigling mehr sein. Damit war jetzt endgültig Schluss!

Als ich zurück zur Turnhalle rannte, überlegte ich mir, wie ich den anderen erklären könnte, warum ich nach meinem Rückzieher doch wieder aufkreuzte. Meine blöden Hände fingen wieder an zu schwitzen. Ich wischte sie an der Jacke ab und spürte den Mini-Lautsprecher in der Tasche. Plötzlich fiel mir mein ursprünglicher Plan wieder ein. Hoffentlich funktionierte der auch wirklich so, wie ich es mir vorgestellt hatte! Leise, ganz leise schlich ich zum Hintereingang der Turnhalle. Noch leiser machte ich die Tür auf, hielt den Lautsprecher hoch und drehte mein Handy auf volle Lautstärke. Dann startete ich die App mit dem Geräusch.

Polizeisirenen schrillten los. Drei verschiedene, die sich gegenseitig überlagerten.

„Die Bullen!", hörte ich Tarik panisch rufen.

„Abflug!", brüllte Jan.

Bis die drei ihre Räder startklar hatten, war ich längst hinter dem Ahornbaum.

Jan, Amelie und Tarik radelten an mir vorbei, als ob sie von zehn Polizeiautos verfolgt werden würden. Sobald sie weg waren, stürmte ich in die Turnhalle und riss das Garagentor hoch. Boukari saß zusammengekauert auf einer Yogamatte. Völlig fertig, blass im Gesicht. Ich drehte mich schnell weg, konnte ihm nicht in die Augen sehen.

„Danke! Warte, Simon, bitte!", rief er mir nach.

Doch da war ich schon im Sattel und auf und davon.

13

Kaum hatte ich mein Rad zu Hause in den
Fahrradkeller gebracht, fing der Terror an. Jan,
Amelie und Tarik feuerten Nachrichten ab.

Du bist schon wieder abgehauen!
Hast du die Bullen auf uns gehetzt?
Verräter! Du hast alles versaut. Boukari wollte gerade
auspacken.
Du kommst da nicht raus. Du hängst voll mit drin.
Wo bist du, Simon? Wir finden dich!

Ich schaltete mein Handy aus und rannte zum
Gartentor. Plötzlich hupte es hinter mir. Ich zuckte
zusammen und drehte mich um. Dad bremste mit
dem Taxi auf dem Gehsteig und ließ das Fenster
vom Beifahrersitz herunter.
„Komm, steig ein, Simon. Kleine
Feierabend-Runde. Weißt du noch? Wie früher."
Als Kind hatte ich es geliebt, mit Dad abends im
Taxi durch die Stadt zu kurven.

„Nee danke, bin voll müde", lehnte ich ab.

Dad beugte sich rüber und machte die Tür auf.

„Steig bitte ein. Wir haben uns so lange nicht mehr zu zweit unterhalten."

Das hatte mir gerade noch gefehlt! Als ich mich anschnallte, merkte ich, dass meine Hände zitterten. Ich wurde das Bild in meinem Kopf nicht los: Boukari zusammengekauert auf der Yogamatte. Was machte er jetzt? War er auf dem Weg zum nächsten Polizeipräsidium?

„Alles gut?", fragte Dad, während er den Blinker setzte und aufs Gaspedal stieg.

„Läuft", antwortete ich und starrte stur geradeaus durch die Windschutzscheibe. Dad würde ich garantiert nicht von meinen Problemen erzählen. Der drehte sonst durch.

Draußen wurde es langsam dunkel. Die Straßenlaternen schalteten sich ein und warfen lange Schatten auf die Fahrbahn. Dad fuhr zur Ringstraße, die wie ein Gürtel um die alte Stadtmauer angelegt war.

„Ein Stammkunde hat mich angesprochen", erzählte Dad plötzlich. „Er war letzten Sommer bei uns zu Hause auf der großen Grillparty." Dad nannte den Namen, aber ich konnte mich nicht erinnern. „Er hat dich sofort wiedererkannt bei der Demo."

„Welche Demo?"

„Das weißt du genau. Die an eurer Schule vor einer Woche. Mensch, Simon! Du musst die Klasse wiederholen und da hast du nichts Besseres zu tun, als bei so einem Quatsch mitzumachen?!"

Ich biss mir auf die Unterlippe und schwieg.

„Deine Mutter macht sich solche Sorgen um dich!" Dad schaltete einen Gang runter. „Und ich natürlich auch."

„Das war alles ganz harmlos", verteidigte ich mich.

Mein Vater schüttelte den Kopf. „Darum geht es doch gar nicht! Du solltest zu Hause sein und lernen. Oder wenigstens Sport machen."

Dad kurvte jetzt schon das zweite Mal um die Stadtmauer. Dabei hielt er mir einen Vortrag darüber, was ich alles falsch machte und wie ich mir meine Zukunft verbaute.

Ich dachte die ganze Zeit nur: *Wenn du wüsstest, was seit der Demo alles passiert ist! Was heute passiert ist …*

Das war das Schlimmste bei Dad. Er regte sich ständig auf und fragte mich oft nur: „Wie geht's? Alles gut?" Auf so blöde Fragen konnte man ja nur „Ja!" antworten. Dad wollte gar nicht wissen, wie es mir wirklich ging oder wie er mir helfen könnte.

Je länger wir zusammen im Taxi saßen, umso verzweifelter, wütender und einsamer wurde ich.

Ich machte die Augen zu und fing an, im Kopf bis hundert zu zählen. Bei 67 bog Dad endlich wieder in unsere Straße ein. Ich löste meinen Gurt, wollte schon aus dem Auto springen. Da sah ich Jan am anderen Ende der Straße langsam auf unser Haus zugehen.

„Weißt du, was, Dad?", sagte ich so cool wie möglich. „Fahr doch noch eine Runde um den Block."

„Bist du sicher?" Mein Dad sah mich erstaunt von der Seite an. „Klar, kann ich machen. Gut, dass wir mal wieder in Ruhe miteinander reden, Simon!"

Die Nacht wurde der reinste Horror. Ich lag stundenlang wach, dachte an Jan und an Boukari und schob Panik. Um fünf Uhr morgens war dann endlich alles klar. Glasklar. Ich wusste, wer meine Freunde waren und wer nicht.

Dann schickte ich Jan eine Nachricht: „Bin raus. Ruft mich nie wieder an!", und schaltete danach sofort mein Handy aus.

Ich musste noch mal ganz von vorne anfangen, aber dafür brauchte ich Hilfe.

Deshalb schwänzte ich die letzte Stunde Homeschooling und fuhr einmal quer durch die Stadt bis zu dem Hochhaus, das ich so gut kannte. Der Türsummer ging. Ich sprintete die zwei

Stockwerke viel zu schnell hoch, schnappte nach Luft und konnte erst mal gar nichts sagen.

„Was wird das denn?", fragte Rea. „Trainierst du für einen Marathon? Oder bist du ..."

„Ich muss dich dringend was fragen!", unterbrach ich sie.

Rea runzelte die Stirn. „Sag mal, ist dein Handy kaputt? Ich wollte dich heute Mittag anrufen. Jetzt komm erst mal rein. Ömer ist auch da."

Er saß in Reas Zimmer im Schneidersitz auf dem Teppich und stand nicht auf, um mir wie sonst auf die Schulter zu klopfen. Ömer war sauer, und plötzlich fiel mir ein warum. Ich hatte ihm auf seine Nachricht gar nicht geantwortet! Das hatte ich wegen der Aktion in der Turnhalle total vergessen.

„Sorry, dass ich mich nicht gemeldet habe", entschuldigte ich mich. „War zu viel los gestern ..."

Rea holte ein Glas für mich aus der Küche. Ömer schwieg, bis sie zurückkam. Ich schenkte mir Wasser ein und trank es schnell aus. Dann ging ich zum Fenster und lehnte mich gegen den Heizkörper.

Ömer und Rea sahen mich an und warteten. Und plötzlich war mir alles egal. Was hatte ich schon zu verlieren?

„Ich hab Mist gebaut!", platzte ich heraus. „Ich bin der größte Vollidiot auf diesem Planeten."

Schweigen.

„Ihr hattet so recht! Jan ist … Er und seine Clique, die schrecken vor nichts zurück. Erst fand ich ihn seltsam und dann doch irgendwie cool. Ich hab ihm das mit der Verschwörung und der Schimmel-Lüge geglaubt. Es hat alles super zusammengepasst, auch dass der Boukari mich als Dieb verdächtigt hat. Aber jetzt bin ich mir nicht mehr sicher, ob das wirklich stimmt. Es ist so viel passiert, was nicht hätte passieren dürfen! Ich hab mitgemacht, nicht bei allem, aber …" Ich holte kurz Luft, weil ich jetzt verdammt viel Mut brauchte. „Es tut mir so leid, dass ich die letzten Tage einfach abgetaucht bin! Gilt euer Angebot noch, dass ihr mir helfen wollt?"

Immer noch Schweigen.

Rea und Ömer wechselten einen kurzen Blick.

Dann sagte Ömer. „Ganz ehrlich: Dass du unsere Hilfe noch willst, damit hatten wir nicht mehr gerechnet."

Rea nickte. „Wir dachten, du hast deine Freunde vergessen."

Ich wurde rot und murmelte: „Hab ich nicht! Aber es war einfach alles zu viel in letzter Zeit. Ich muss ein paar Sachen loswerden. Ihr müsst das alles wissen."

Und dann erzählte ich: von der Demo, der Autoaktion und was in der Turnhalle gelaufen war.

Ich verschwieg nichts, spielte nichts runter. Am Schluss sagte ich noch, was ich Jan geschrieben hatte: „Bin raus. Ruft mich nie wieder an!"

Rea und Ömer hörten gebannt zu. Dann pfiff Ömer durch die Zähne. „Da hast du echt nichts ausgelassen, Alter, aber jetzt hast du die Notbremse gezogen. Ich weiß nicht, ob ich das an deiner Stelle geschafft hätte." Er stand auf.

Ömer und Rea kamen zu mir ans Fenster. „Klar helfen wir dir!", sagte Rea.

Ich war so erleichtert, dass ich ihnen am liebsten um den Hals gefallen wäre.

Rea lächelte. „Aber vorher müssen wir auch noch was loswerden, Simon. Wir haben mit Ömers Onkel gesprochen. Der ist Architekt und hat schon viele alte Häuser renoviert."

Ömer nickte. „Mein Onkel kennt sich aus. Er sagt, dass auch nach einer kompletten Sanierung von einem Gebäude wieder neuer Schimmel entstehen kann. Was in der Zeitung über unsere Schule stand, stimmt. Das ist keine Lüge."

„Das weiß ich inzwischen auch", musste ich zugeben und erzählte kurz vom Gespräch zwischen der Weber und den Männern von der Sanierungsfirma, das ich auf der Straße mitgehört hatte. „Trotzdem: Dass sie uns ins Homeschooling geschickt haben, finde ich immer noch fies."

Rea lachte. „Ich auch! Und jetzt lasst uns den Computer anwerfen. Wie können wir rausfinden, wo das Spendengeld abgeblieben ist?"

Ömer fiel sofort etwas ein. „Wir sollten uns den Jahresbericht ansehen, da sind doch von allen Klassen Fotos drin, auch von der Fünften. Vielleicht finden wir ja das Mädchen mit der Box."

Ich schnappte mir einen Stuhl und schob ihn zum Schreibtisch.

Vier Fotos tauchten auf dem Bildschirm auf. Rea zoomte sie größer. Dann starrte ich mir die Augen aus dem Kopf.

„Und?", fragte Rea. „Wo ist sie?"

Zwei, drei Mädchen kamen mir bekannt vor, aber ich hätte nicht sagen können, wem ich die Box mit dem Spendengeld in die Hand gedrückt hatte. Es war alles so schnell gegangen.

„Keine Ahnung", gab ich irgendwann zu.

Ömer stöhnte. „Du machst mich fertig, Simon! Okay, weiter, neuer Plan!"

Rea fragte in die Runde, welche Infos wir noch von oder über Boukari hatten. Mein Gehirn war komplett leer in dem Moment, sosehr ich mir auch den Kopf zerbrach.

Plötzlich schnippte Rea mit den Fingern. „Lasst uns noch mal Boukaris Mail checken mit dem Aufruf zum Spendenlauf!"

Gemeinsam lasen wir den Text, und endlich hatte ich auch mal eine Idee. „Der Förderverein! Vielleicht wissen die ja was."

Das konnte ich mir zwar kaum vorstellen, aber ich war so verzweifelt, dass ich mich an jeden Strohhalm klammerte. Immerhin hatte der Verein Boukari bei der Orga vom Spendenlauf unterstützt.

„Bingo!", sagte Ömer. „Die haben sogar eine eigene Website. Und da sind alle Mitglieder, mit Foto und Telefonnummer."

Aufgeregt sah ich mir die Fotos an. Drei Frauen und zwei Männer. Alle lächelten freundlich, bis auf den ersten Vorsitzenden. Der hatte sein weißes Hemd bis oben zugeknöpft, verzog keine Miene und blinzelte mit verkniffenen Augen über den Rand seiner schwarzen Brille: Herr Zach, der Deutschlehrer.

„Den rufe ich nicht an!", sagte ich sofort. „Das könnt ihr vergessen."

Ich erzählte Rea und Ömer, wie Zach uns auf der Demo runtergemacht hatte.

„Da musst du jetzt durch", sagte Ömer, tippte die Nummer in sein Handy und gab es mir.

Ich wehrte mich mit Händen und Füßen. Zu spät. Nach nur einem Freizeichen hörte ich seine ungeduldige Stimme: „Hier Zach! ... Hallo? Wer ist denn da?"

„Äh ... Simon aus der 7b."

„Ach, hallo Simon!", sagte Zach überrascht. „Du warst doch auf der Demo vor einer Woche. Bist du immer noch so überzeugt von eurer ... Sache?"

Ich überhörte den leichten Spott in seiner Stimme und blieb ruhig: „Es geht um was anderes. Meine Freunde und ich, wir ..."

„Ja, was habt ihr? Ich höre."

Hinter seiner Höflichkeit spürte ich genau, wie ungeduldig er langsam wurde. Wir waren ihm lästig. Das machte mich wütend. Am liebsten wäre ich jetzt laut geworden.

Da nahm Rea mir schnell das Handy weg und drückte auf den Lautsprecher. „Hallo, Herr Zach. Hier ist Rea, auch aus der 7b. Wir haben eine AG gegründet. Wir wollen der Schulleitung helfen, das Spendengeld wiederzufinden. Bei unseren Nachforschungen sind wir auf den Förderverein gestoßen und wollten Sie fragen ..."

„Augenblick mal, ja?" Zach ließ niemanden ausreden. Das hatte ich schon immer an ihm gehasst. „Wieso wiederfinden?", wollte er wissen. „Das Spendengeld liegt sicher auf dem Konto des Fördervereins."

„Was?", rief Rea. „Wie bitte? Seit wann das denn?"

„Spielt ihr hier etwa Polizei?", fragte Zach von oben herab. „Eigentlich müsste ich euch gar nichts erzählen, aber wenn ihr es genau wissen wollt: Am Tag, bevor ihr diese sinnlose Demo veranstaltet habt, habe ich das Geld persönlich bei der Bank eingezahlt."

„Moment!", sagte Rea. „Die Box mit dem Spendengeld hatte doch Herr Boukari."

Zach räusperte sich. „Kollege Boukari hatte die Spendenbox auf dem Fest in Schülerhände weitergegeben. Keine gute Idee, wie sich herausgestellt hat. Ich habe gesehen, dass die Box unbeaufsichtigt auf einem Tisch stand. Also habe ich sie sofort an mich genommen. Dabei hatte ich wirklich anderes zu tun. Ich musste in dieser Woche zu einer wichtigen Lehrer-Fortbildung."

Plötzlich sprang Ömer auf und schnappte sich sein Handy. „Noch eine Frage, Herr Zach: Haben Sie Boukari gesagt, dass Sie das Geld überwiesen haben?"

Zum ersten Mal war Pause am anderen Ende.

„Natürlich habe ich meinen Kollegen sofort informiert. Das heißt, ich wollte es auf der Zugfahrt erledigen. Kann sein, dass ich das nicht mehr geschafft habe. Es gab mal wieder Verspätung bei der Bahn. Aber ich ging selbstverständlich davon aus, dass Boukari sich die Kontoauszüge ansehen würde. Nun gut. Ich habe leider keine Zeit mehr."

Zach legte einfach auf.

Ömer warf das Handy aufs Sofa, kam zu mir und hämmerte auf meine Schultern ein. „Alter, jetzt haben wir den Beweis, dass du kein Dieb bist!"

„Meint ihr wirklich?", fragte ich unsicher. Es war alles noch so unwirklich, dass ich es einfach nicht glauben konnte.

Rea streckte den Daumen nach oben. „Entspann dich, Simon. Alles wird gut."

14

Zurück zum Anfang meiner Geschichte, Leute.
Halb acht, Mittwochmorgen vor den Pfingstferien.
Diesmal war der Himmel blau mit weißen Wolken,
die Sonne schien, und alle sind schön brav zur
Arbeit gefahren. Ich war wie immer zu Fuß
unterwegs, meinen Basketball unter den rechten
Arm geklemmt. Heute ließ ich das mit dem Sport
vor der Schule bleiben. Der Stadtpark war viel zu
weit weg, aber den Ball brauchte ich trotzdem.
Ohne ihn wäre ich gleich wieder abgehauen, jetzt
wo ich vor dem Gewerbepark stand.
Okay, machen wir eine Challenge draus! Kein Blick
nach links, kein Blick nach rechts. Einfach rein ins
Gebäude und direkt zum Aufzug. Den Knopf
drücken und warten.
„Pling!"
Büroleute mit Rollkoffern traten aus der Kabine,
auf dem Weg zu irgendeinem Kundentermin. Ich
hatte auch einen Termin, nur wusste die Person, die
ich treffen würde, noch nichts davon.

Ich war drin im Aufzug. Als die Tür langsam zuging, klemmte plötzlich jemand seinen Fuß dazwischen.

„Zu zweit fahren macht mehr Spaß", sagte Jan. Schock! Ich drückte mich gegen die hintere Wand der Kabine. Jan kam mir trotzdem viel zu nah. Er kaute Kaugummi und grinste.

Warum hatte ich nicht auf Rea und Ömer gehört? Die hatten mich begleiten wollen, und ich Vollidiot hatte abgelehnt.

Jan setzte den Aufzug in Bewegung und sah mich an, jetzt ganz ernst. „Hast du echt gedacht, du kannst vor mir davonlaufen? Handy aus und einfach tot stellen?"

Ich zwang mich dazu, Jans Blick nicht auszuweichen. „Ich bin raus. Mehr sage ich nicht."

„Mehr sage ich nicht!", äffte Jan mich nach und boxte mit der Faust gegen meinen Basketball. „Ich hätte es wissen müssen, von Anfang an. Du bist kein Versager, Simon. Du bist Abschaum." Jan spuckte vor mir auf den Boden.

Ich sah ihn immer noch an. Nicht bewegen, sagte ich mir. Ruhig bleiben, nicht provozieren. Atmen und Ball festhalten.

„Mach dir bloß keine falschen Hoffnungen", sagte Jan. „Ich wette, wir fliegen alle drei von der Schule." Mein Magen spürte zuerst, dass der Aufzug abbremste. Nur noch ein Stockwerk bis zu den Schulräumen. Weiter atmen. Ruhig bleiben.

„Pling!"

Als die Türen sich öffneten, standen da Amelie und Tarik. Amelie sah durch mich hindurch, als ob ich Luft wäre. Tarik zischte Jan zu: „Was willst du mit dem da? Der Typ ist es nicht wert!"

Jan zuckte mit den Schultern. „Wir haben uns zufällig im Aufzug getroffen. Simon hat es nicht gefallen, was ich zu ihm gesagt habe. Kann sogar sein, dass er Angst vor mir hat."

„Los jetzt!", rief Amelie. „Bringen wir es hinter uns. Gehen wir zur Weber. Da will Simon bestimmt auch hin."

„Später", sagte ich. „Hab vorher noch was anderes vor."

„Er hat vorher noch was anderes vor", äffte Jan mich wieder nach. Dann drehten die drei ab zum Büro der Rektorin. Erst als sie darin verschwunden waren, konnte ich wieder frei atmen. Der Basketball klebte an meinen Händen. Ich hatte gar nicht gemerkt, wie stark ich geschwitzt hatte. Aber es war nicht vorbei. Die härteste Mutprobe kam erst noch. Ich klemmte mir den Ball wieder unter den Arm und folgte den Pfeilen an der Wand, die zum Sekretariat führten. An der Tür links daneben klopfte ich.

„Herein!", rief Boukari energisch. „Simon?!" Er legte den Telefonhörer zurück auf die Station. „Gut, dass du kommst. Ich habe gerade mit ..."

„Darf ich zuerst?", unterbrach ich ihn.

Boukari lehnte sich zurück. An seinem Gesicht konnte ich nicht ablesen, ob er überrascht, enttäuscht oder verärgert war. Es spielte keine Rolle.

Schnell setzte ich mich, legte meinen Basketball auf den Boden und fing sofort an zu reden: „Ich wollte mich bei Ihnen entschuldigen. Ich hab Ihr Auto mit Rasierschaum besprüht und mit Klopapier eingepackt. Die Aktion hatte ich mir ausgedacht. Ich war so wütend, weil Sie dachten, dass ich das Geld gestohlen habe. Aber ich hab nicht mit dem Messer den Lack zerkratzt! Das schwöre ich. Die Idee, Sie in die Turnhalle zu locken, kam auch nicht von mir. Aber ich bereue, dass ich dabei war und das Garagentor zugedrückt hab. Ich wollte Ihnen damit keine Angst machen. Das tut mir voll leid. Und ich gehe auch gleich noch zu Frau Weber und erzähle ihr, was ..." Ich schluckte, brauchte eine kurze Pause.

Boukari beugte sich zu mir vor. „Entschuldigung angenommen, Simon! Ich hab gemerkt, wie verzweifelt du in der Turnhalle warst. Du bist zurückgekommen, das war mutig von dir. Ja, das mit dem Auto war keine gute Idee. Die Reparatur kostet ziemlich viel. Frau Weber ist gerade dabei, die Sache zu klären – und die anderen Aktionen. Sie wird sich in Ruhe anhören, was du zu sagen hast, und dann entscheiden, wie die Konsequenzen für dich und die anderen Beteiligten sein werden."

Ich nickte und murmelte: „In Ordnung. Eins muss ich aber noch loswerden: Ich kann beweisen, dass ich kein Dieb bin! Mit meinen Freunden hab ich herausgefunden, was wirklich passiert ist."

Zum ersten Mal heute lächelte Boukari. „Du brauchst nichts mehr beweisen. Herr Zach hat mir alles erzählt. Ich hab gerade mit ihm telefoniert. Und jetzt muss ich mich bei dir entschuldigen, Simon. Mein Computer zu Hause war kaputt. Deshalb konnte ich mir die Kontobewegungen des Fördervereins nicht anschauen. Es tut mir sehr leid, dass ich dich zu Unrecht verdächtigt habe. Dass ich nicht an dich geglaubt habe. Ich verspreche dir, das wird nie wieder vorkommen. Du kannst dich in Zukunft auf mich verlassen. Und du hast was gut bei mir. Wenn du irgendeinen Wunsch ..."

„Ja, habe ich!", fiel mir sofort ein. „Ich schaffe es nicht, allein mit meinen Eltern zu reden."

Boukari lächelte auf einmal richtig herzlich. „Mutig bis zum Schluss, Simon. Ich komme mit zu deinen Eltern!"

Mein dritter und allerletzter!!! Eintrag in dieses Tagebuch (Diesmal stimmt es wirklich!)

Freitag, 21:29 Uhr
Ich hab mal nachgezählt, wie viele Tage es waren: 38!
Das musst du dir reinziehen. 38 Tage
Ausnahmezustand, fünfeinhalb Wochen Land unter.
Ich hab's überlebt, aber frag mich nicht, wie.
Wo fange ich an? Das Wichtigste zuerst: Ich fliege
nicht von der Schule, aber ich habe einen Verweis
bekommen. Den kann ich verkraften, weil es mein
erster ist und hoffentlich mein einziger bleiben
wird.
Okay, jetzt kommt noch ein Haken: Ich muss soziale
Arbeit machen in den Pfingstferien wegen der Aktion
mit Boukaris Auto. Meine Eltern waren erst
geschockt, als sie es erfahren haben. Ich hab ihnen
alles erzählt, und Boukari hat immer wieder betont,
wie verzweifelt und mutig ich am Schluss war. Meine
Mum hat geweint, und dann haben Mum und Dad
mich lange umarmt. Mir ist so ein Riesenstein vom
Herzen gefallen.
Vielleicht wird es ja sogar ganz nett in dem

*Seniorenwohnheim mit den Alten. Und ich spare mir
die Nachhilfekurse. Ich nehme ja jetzt sowieso das
Tempo raus, weil ich die Klasse noch mal wiederholen
werde.*

*Jan, Amelie und Tarik werde ich hoffentlich nicht
mehr treffen. Die drei sind von der Schule geflogen
und müssen an eine andere Schule wechseln. Sie
haben viel mehr Sozialstunden aufgebrummt
bekommen als ich und sollen in einer großen
Gärtnerei auf dem Land arbeiten. Es haben sich
nämlich zwei Zeugen gemeldet. Eine Nachbarin von
Frau Schmid hat gesehen, wie Jan, Tarik und Amelie
die Tür der Journalistin vollgeschmiert haben. Und
ein Mann, der nachts mit seinem Hund Gassi
gegangen ist, hat beobachtet, wie Jan den Autolack
zerkratzt hat.*

*Mein Mitleid für die drei hält sich in Grenzen. Ich
kriege immer noch Panik, wenn ich an Jan im Aufzug
denke. Und ich hab inzwischen schon hundertmal
bereut, dass ich damals zum ersten Treffen mit ihm
und seiner Clique gegangen bin. Die waren alle so
cool und selbstbewusst. Es hat sich so richtig
angefühlt, was die gesagt haben von der
Schimmel-Lüge, der Überwachung und der großen
Verschwörung. Ein Puzzleteil hat zum anderen
gepasst: das plötzliche Homeschooling, der
Zeitungsartikel, der Spendenlauf. Dann die*

*verschwundene Box und dass sie sofort mich in
Verdacht hatten.*

*Aber ich hätte in der Schule nachfragen können, als es
losging. Oder noch viel mehr im Internet
recherchieren, Fakten sammeln. Mir selber ein Bild
machen, statt sofort an einen bösen Plan zu glauben,
der hinter allem steckt.*

*Das wurde mir erst so richtig klar, als wir in der
Klasse einen Diskussions-Tag zu dem Thema hatten.
Da haben wir auch darüber gesprochen, wie schnell
man plötzlich in einer anderen Welt landen kann.
Einer Welt mit Menschen, die bei einer Krise dazu
neigen, nach Schuldigen zu suchen. Genau so eine
Welt hatte Jan sich mit seiner Clique aufgebaut.
Die haben mir so viele Hass-Kommentare geschickt,
als ich ausgestiegen bin. Manche waren so schlimm,
dass ich eine Woche lang jede Nacht Albträume hatte.
Ich musste alle Kommentare löschen und die
Kontakte blockieren. Mein Profil hab ich natürlich
auch sofort gelöscht. Und die ganzen Kanäle, die ich
mir angeschaut hab, wo es um Verschwörungen ging:
deabonniert!*

*Übrigens hat sich die Sache mit den
„Überwachungskameras" auch aufgeklärt: Das waren
die Datenlogger, mit denen die Feuchtigkeit in den
Innenräumen gemessen wurde.*

Am meisten bin ich froh, dass Ömer und Rea immer

noch meine Freunde sind. Die hätten auch sagen
können: Der dreht ab, mit dem wollen wir nix mehr
zu tun haben.

Ach, und noch was: Die Paulsen hat uns an dem
Diskussions-Tag auf eine Kampagne im Internet
aufmerksam gemacht. Da stellen die Leute Videos
rein und informieren über gefährliche
Verschwörungstheorien. Ömer, Rea und ich machen
da jetzt auch mit und posten Videos. Wir forschen
nach, wie diese Theorien entstehen und was
dahintersteckt.

Nach den Pfingstferien dürfen wir wahrscheinlich
wieder zurück an unsere Schule. Also wenn die
Sanierung bis dahin abgeschlossen und der Schimmel
überall weg ist. Dann ist Schluss mit Homeschooling.
Schluss mit Notfallprogramm und
Ausnahmezustand. Kann sein, dass ich trotzdem mal
zu spät kommen werde. Ich muss dranbleiben bei den
Crazy legs. Läuft.

WENN DAS HANDY
ZUR FALLE WIRD

Henriette Wich
**CARLSEN CLIPS:
IMMER ON**
Taschenbuch
112 Seiten
ISBN 978-3-551-31763-6

LUNA FÜHLT SICH OFT DURCHSCHNITTLICH, auch im Vergleich zu ihren Freundinnen. Sarah zum Beispiel kann toll singen. Aber sie macht das nur für sich, was Luna so gar nicht versteht. Ungefragt stellt sie ein Video von Sarah auf eine Musik-Plattform und kriegt prompt Streit mit ihrer Clique. Aus Frust postet Luna eigene Clips – und kommt damit an! Immer wilder werden ihre Aktionen, immer länger hängt sie am Handy, immer mehr verliert sie den Überblick. Sie braucht Hilfe. Und sie brauch ihre Mädels!